DE L'OUBANGHI A FACHODA

Gr. in-8º 6ᵉ série.

LE CAPITAINE MARCHAND

Chef de la Mission Congo-Nil.

JULES POIRIER

De l'Oubanghi

à Fachoda.

MARCHAND

ET LA MISSION CONGO-NIL

Ouvrage orné de gravures.

PARIS

J. LEFORT, IMPRIMEUR, ÉDITEUR

A. TAFFIN-LEFORT, Successeur

LILLE

AVANT-PROPOS

Le héros de Fachoda, le **commandant Marchand,** *n'a pas besoin d'une longue présentation.*

Elle est entière, complète, dans ces quelques lignes :

« En même temps qu'il a porté le nom de la France en des régions ignorées, il a bien mérité de la science en complétant des données géographiques jusqu'ici imparfaites, en fixant la topographie de parties mal connues ou encore inexplorées, en relevant le cours de rivières et de fleuves qu'on jugeait innavigables, en cherchant enfin à ouvrir une nouvelle route entre nos possessions de l'Afrique occidentale et le Nil, et en rattachant à cette route, par des données plus précises, celle que, de la mer Rouge au Nil, avaient avant lui essayé de tracer d'autres missions. C'est au prix de difficultés inouïes, de privations de toute sorte et parfois de graves périls, qu'il a accompli cette œuvre, et cela, soutenu du seul désir de servir et de glorifier la France (1). »

Les pages qui suivent sont le récit des faits qui valurent à l'héroïque soldat cet éloge à l'Académie des Sciences morales et politiques.

Paris, ce 31 octobre 1899.

(1) *Rapport de M. Félix Rocquain à l'Académie des Sciences morales et politiques.*

DE L'OUBANGHI A FACHODA

CHAPITRE PREMIER

Les premières armes de Marchand.

Enfance de Marchand. — Le sous-lieutenant d'infanterie de marine. — Comment on gagne la croix d'honneur. — Première conception du Transnigérien. — Le second galon. — Marchand délivre le lieutenant Hourst. — A travers le Soudan. — La seconde épaulette. — Marche sur Kong. — Séjour à Kong. — Contre Samory.

Le 22 novembre 1863, le riant village de Thoisey, qui s'élève au pied des monts du Beaujolais, comptait un enfant de plus, enfant qui devait être, moins de quarante ans plus tard, une des gloires de l'armée.

Jules Marchand, le héros de la mission Congo-Nil, était ce nouveau-né. Son père, « le père Marchand » ainsi que le nomment ses concitoyens, exerçait la profession de menuisier. La famille Marchand s'augmenta de quatre autres enfants : le cadet, Petrus, est mort au Soudan, en 1895, des suites d'une insolation; le troisième est actuellement au Soudan, à Bamakou, commis de 1re classe aux affaires indigènes; un quatrième garçon est à l'école de la Seyne où il se prépare à l'École navale ; le cinquième enfant est une fille.

Jusqu'à l'âge de douze ans, Jules fréquenta l'école communale. Il en sortit pour le collège d'où, après une année de séjour, il entra dans une étude de notaire. A ses moments perdus, il aimait à continuer les lectures des aventures dont il s'était épris sur les bancs de l'école. A dix-huit ans, il s'engagea dans l'infanterie de marine, arme qui répondait le mieux à ses aspirations. Il vint à Toulon où il se montra aussi discipliné que studieux ; il prépara ses examens pour l'École de Saint-Maixent, où il entra le 23 avril 1886 ; il en sortit sous-lieutenant le 14 mars 1887, et revint à Toulon en attendant son tour de départ colonial. Envoyé à Dakar (Sénégal), Marchand reçut le commandement du fort N'Diago, qu'il gagna de Dakar par la voie ferrée. Il séjourna six mois sur ce point. Les premiers débuts sur la terre sénégalaise furent une lutte qu'il soutint victorieusement contre une hyène qu'il dût abattre à coup de crosse de fusil ; ce succès fut bientôt suivi d'autres contre des caïmans.

La fièvre paludéenne n'épargna pas Marchand ; il en triompha heureusement. Le sixième mois de son séjour à N'Diago fut marqué par un acte de courage. Le jeune sous-lieutenant sauva un enfant, au milieu d'une violente tornade, au moment où il allait disparaître sous le pont de Sorre.

Enfin sonna l'heure désirée par Marchand, heure

qui apportait un terme à la vie relativement calme à laquelle il était condamné depuis son débarquement. Marchand fut désigné pour prendre part à la *neuvième campagne* du Haut-Fleuve, dont le chef d'escadron Archinard reçut la direction.

Le 18 février 1889, le sous-lieutenant reçut le baptême du feu devant la forteresse de Toucouleur de Koundian. On aura une idée exacte de l'intensité de la lutte soutenue dans les deux camps lorsqu'on saura que, de six heures du matin à deux heures de l'après-midi, l'artillerie Archinard lança 474 projectiles. Marchand avait reçu la mission, à la tête d'un groupe de tirailleurs et de disciplinaires, de faire brèche contre la forteresse. Il était arrivé à 300 mètres quand il fut arrêté par une vive fusillade. 2.000 Toucouleurs étaient là pour lui barrer le passage. Après une courte pause au cours de laquelle il se rendit compte de la situation, Marchand porta ses hommes en avant, à la faveur des accidents du terrain. Arrivé à portée de l'ennemi, il commanda un *feu rapide*. La première attaque échoua; mais renouvelée avec une plus grande vigueur, elle ramena l'ennemi dans la ville. Marchand le suivit, un fanion tricolore à la main, qu'il réussit à planter sur la muraille. A ce moment une balle traversa le casque de l'officier et lui laboura le crâne; le sang s'échappa en abondance de sa blessure et inonda son visage. Marchand tomba sans connaissance au milieu des ennemis. Ses hommes arrivèrent à temps pour le délivrer ; M. Hue, vétérinaire de la colonne, réussit à le charger sur ses épaules et à l'emporter en dehors des murs.

Le gouvernement récompensa cet acte par la croix de la Légion d'honneur. (13 septembre 1889).

Après avoir reçu des soins dévoués, Marchand se rétablit. Au mois de mai 1890, il fut envoyé aux canonnières du Niger où il devait recueillir de nouveaux lauriers.

Il fit à bord du *Mage,* avec le commandant Jayme, le voyage de Kabara (port de Tombouctou). Au cours de cette expédition, il étudia les régions du Haut-Niger, établit un fort avancé sur le rocher de Koulikoro dont il garda le commandement, de mai à août. C'est de ce point que le futur héros de Fachoda fit la reconnaissance politique et militaire de la région de Segou, alors capitale de l'empire de Toucouleur. Il conçut et étudia le projet d'une mer intérieure entre le Sahara et le Soudan, projet qu'il présente en ces termes :

« Il faut voir, en Afrique occidentale, deux régions bien distinctes, de caractère nettement tranché, séparées presque également par une ligne hypothéthique sensiblement rapprochée du 17e degré de latitude nord : au-dessus, la région saharienne ou région des sables, presque complètement privée d'eau ; au-dessous, la région soudanaise abondamment arrosée, et dont le bassin du Niger englobe la plus grande et la plus riche partie.

» C'était évidemment sur cette dernière région, relativement peuplée, que devaient se concerter les efforts des nations européennes en quête de débouchés pour leur production industrielle et de matières premières introuvables sous les climats tempérés.

» L'existence du désert saharien dans la région du nord, qu'il fallait traverser pour atteindre la région soudanaise, s'opposait à l'utilisation des routes directes, et reportait les tentatives de pénétration sur le littoral du golfe de Guinée, d'où, grâce à la conformation spéciale de l'Afrique dans sa partie occidentale, il paraissait plus facile d'aborder le Niger.

» Mais là, encore, le mystérieux bassin se défendait, non plus comme au nord par les immensités arides d'un désert de sable, mais, au contraire, par une surabondance, une orgie de végétation, par la forêt tropicale infranchissable, muraille de verdure d'épaisseur inconnue, qui ne se laissait pénétrer que par les cours d'eau descendant du plateau africain, et dont on ne connut pendant longtemps que les embouchures dans l'Océan.

» C'était par ces routes liquides qu'il fallait arriver à l'intérieur. »

Le 2 octobre, le *Mage* toucha Kabara. Pendant le mois de janvier suivant, Marchand fut promu lieutenant. Il prit part à l'expédition contre Almadou, pendant laquelle il commanda la colonne de l'est. Après avoir tourné Kaarta par le Niger, le Bélédougon et le sud du Sahara, il arriva devant Nioro

(1ᵉʳ janvier 1891) d'où il chassa Almadou. Au cours de la poursuite de ce chef, Marchand apprit que le lieutenant Hourst, chargé d'une mission dans cette région, était bloqué dans Diena; il marcha à son secours. Le 28 février, Marchand était devant cette ville et l'attaquait. Au cours de la lutte il eût le bras droit traversé par une balle. Malgré cette grave blessure, il resta à son poste et délivra le lieutenant Hourst.

La blessure de Marchand fut assez longue à guérir; elle guérit heureusement, sans laisser de trouble pour l'usage du membre.

A la suite de ces faits d'armes, le lieutenant Marchand fut nommé résident à Sikasso, auprès de Tiéba, roi de Kanadougou, dont il dirigea les troupes contre Samory. Son séjour dans cette partie de l'Afrique centrale lui permit de continuer ses études géographiques de cette région et de jeter des bases plus certaines à son idée du Transnigérien; de plus il ajouta des fleurons à sa gloire par les victoires successives de Tiongi, de Tengréla, de Dumbaso, de Kouna, de Kokonna et de Farakoro, qu'il remporta sur les bandes de Samory,

Marchand fut récompensé de ses services par l'ingratitude. Phou, le fils de Tiéba, fit mettre le feu, pendant la nuit du 29 janvier 1892, au campement de Marchand. Celui-ci, pour échapper aux flammes, dut sortir de sa tente presque nu; il se réfugia chez Dialakoro, roi de Nafana. En cette circonstance,

Marchand se révéla un cœur généreux. Au lieu de réprimer cet acte avec la rigueur qu'il comportait, il consentît à prendre le commandement de l'armée que Tiéba dirigea contre Tieré ; Marchand s'empara de la capitale de cet Etat le 8 juin 1892.

A la suite d'une révolte, les Peulhs menacèrent nos possessions. Marchand reçut le commandement de la 2ᵉ compagnie de tirailleurs auxiliaires avec laquelle il participa à la répression de cette révolte.

Marchand fut promu capitaine le 12 décembre. Quelques mois après cette promotion, le Gouvernement le chargea de trouver le point de liaison entre le Niger et le golfe de Guinée, dans un pays couvert d'une brousse touffue sur une longueur de deux à trois cents kilomètres.

Le 10 août 1893, après s'être remis d'une grave atteinte de fièvre, le capitaine partit de Grand-Lahou. Le 3 septembre, il arriva à Thiassalé où il laissa quarante hommes sous les ordres du capitaine Manet. Ce dernier fut chargé par Marchand de remonter le Bandana, par la rive gauche, jusqu'à Elusson, tandis que de sa personne il se portait en avant pour exécuter quelques reconnaissances, cherchant une voie vers le Cavally. Au cours de cette marche, il apprend que Samory s'est emparé de Sakhala ; estimant avec juste raison qu'il n'avait pas avec lui les forces suffisantes pour marcher contre ce roi, il se replia sur Bouaké, passa le Zini et s'établit, le 8 janvier 1894, chez le roi Kofi, de Sameni. Après quelques jours de repos,

Marchand laissa son chef d'escorte, M. Bailly, à Sameni, avec le convoi et les deux tiers de ses troupes. Le 27 janvier, il se mit en route pour le Soudan, à travers le Folono, où régnaient la peste et la famine, à la suite des incursions que Balemba, successeur de Tiéba, avait faites dans cette région.

Cette contrée offrait le plus affreux spectacle. Marchand en a tracé le tableau suivant :

« Le spectacle d'horreur, qui se déroulait incessamment sous nos yeux pendant cette longue marche, était d'ailleurs peu fait pour nous réconforter : champs ravagés, villages détruits et encore fumants, d'où s'élevait une épouvantable odeur de charnier...

» Aux abords, sous les rares arbres offrant quelque ombrage, où l'on était tenté de chercher un abri contre les excès d'une chaleur torride empuantée, quelques varioleux, des vieillards presque toujours, achevaient de mourir en geignant leur dernière plainte, sur le corps de ceux qui étaient déjà morts.

» Les huit porteurs qui me suivaient depuis mon départ de Sameni restèrent tous sur la route, fauchés par la variole et par la faim. »

Le 8 février, Marchand était à Tengréla, d'où il écrivît la lettre suivante :

« C'était trop ! Il fallait voir par la vallée du Bandama. Après avoir rendu une dernière visite à la tombe de mon ami Crozat, je quittai Tengréla le 16 février, au matin ; et, traversant la partie orientale du Kanili, j'arrivai, le même soir, au grand centre de

Kana-Kono que, en danger de mort, j'évacuai dans la nuit pour aller camper sur la rive droite du Bagoé.

» Le 17, continuant la marche à l'est, je traversai Kibeni, Kaniéni et atteignis le Bandama, un peu en amont de Fanaloho, non loin des sources du fleuve qui, à cet endroit, n'est encore qu'un gros ruisseau.

» Le soir même, je couchai à M'Bégué ou M'Bingé, capitale de l'ancien royaume de Niakalimba, actuellement· au pouvoir des successeurs de Tiéba.

» Le 18 février, après avoir repassé le Bandama, près du village de Katéningué, je rejoignais à Katiali la route des caravanes par laquelle j'étais venu à Tengréla ; le 19, deuxième passage du Babouloni et retour à Kaokaaa, où nous avions déjà passé en montant.

» Le 20, je relève le massif montagneux des monts Ambéré.

» C'est au pied de ce massif, après le confluent du Babouloni et du Bandama, que ce dernier devient navigable ; la distance à vol d'oiseau entre ce point et celui de Tiorotiéri, aux environs duquel le Bagoé devient lui-même navigable, est de quatre-vingt-quinze kilomètres. Le terrain de séparation est constitué par un simple plateau ferrugineux sans relief sensible aü-dessus des thalwegs.

» C'est là qu'est la jonction du Niger au golfe de Guinée, par l'intermédiaire du Bagoé-Bani et du Bandama.

» C'est le Transnigérien ! »

Marchand continua son chemin. Le 22 février, il était à Tiémou, où il apprit que Samory, chassé d'Ouassoulou par Bonnier, se préparait à envahir le Tagouano, menaçant de là le Kong, le Djimini et le Drainala, d'où il préparait la ruine de la côte d'Ivoire. Dès la réception de cette nouvelle, il crut prudent de rejoindre le gros de sa troupe, qu'il avait laissé, ainsi que nous le savons, à Sameni, tout en gardant cependant le contact avec Samory. Deux jours après, Marchand était à Tenindiéri qu'il trouva occupé par quatre cents safos d'Almany. Malgré le faible contingent dont il disposait, le capitaine continua sa route, attaqua l'ennemi qu'il mit en retraite vers Gouindala, quartier général d'une armée commandée par l'un des fils de Samory; le 2 mars, la colonne française regagnait Sameni.

Après quinze jours de repos, Marchand se mit en marche sur Kong; le 17 mars, il occupa Satamo-Soukoro, capitale du Diamala. Le 10 avril, il traversa Gouamaladougon, entra dans le Djimini; il séjourna quatre jours à Sokala-Dioulasso et arriva le 23 à Laniédougou, où il faillit être mis en pièces par des fétichistes. Ses baromètres et ses thermomètres lui sauvèrent la vie; au moment où le crime allait être commis, le capitaine faisait des observations avec ses instruments : ses assassins crurent qu'il invoquait des fétiches, ils prirent la fuite. A Mongodougon, près de Kong, les porteurs abandonnèrent le convoi; Marchand dut, avec les quelques hommes de son

escorte, faire face à une bande de deux cents Senou-
fos, qu'il mit en déroute. Il se dirigea sur Gunisso
et de là gagna Kong, où il séjourna assez longtemps.

Marchand a laissé une intéressante relation de ce
séjour, à laquelle nous empruntons les lignes suivantes :

« Le lendemain de notre arrivée, écrit le capitaine, n'ayant pas encore reçu des chefs le cadeau en
vivres de tradition au Soudan, je fis prier le représentant de Karamoko Oulé, dans la ville, de m'avancer quelques milliers de cauris (0.05 centimes de notre
monnaie valent 30 cauris), en attendant que je puisse
négocier quelques-unes des nombreuses valeurs en
marchandises contenues dans mon convoi.

» Moro-Sia me fit répondre que la famine prolongée
rendait l'avenir incertain et qu'il n'était pas sûr lui-
même d'en avoir assez pour ses propres besoins !

» J'obtins de tous les notables auxquels je crus
pouvoir m'adresser des réponses analogues où
perçait la haine du nazarah et la journée se passa
en démarches infructueuses.

» Le soir, il y avait quarante-huit heures que nous
n'avions rien pris ; dans la nuit, Bafotigui me fit
passer en secret dix ignames qui furent partagées
entre vingt-six personnes et ne servirent peut-être
qu'à exaspérer la faim qui nous criait aux entrailles.

» On dit que « ventre affamé n'a point d'oreilles, »
ni d'amour-propre non plus.

» Le 2 mai, au matin, au milieu des insultes, je

me rendis près de la place du marché et tentai de vendre ou échanger contre des vivres quelques pièces de superbe calicot que la mission possédait.

» Les prix ironiques qui me furent offerts, deux fois inférieurs à ceux de fabrique, me firent comprendre clairement qu'en les acceptant je créerais un précédent qui entraînerait rapidement la perte du convoi, c'est-à-dire de toute la mission : rester riche étant, pour un voyageur européen en Afrique, la condition *sine qua non* du droit de passe et de la réalisation du but qu'il s'est proposé.

» Je rentrai dans notre case pour trouver l'escorte révoltée.

» Les tirailleurs se lassant de souffrir dans une ville riche, où je leur avais montré le terme de nos misères, vinrent me reprocher de les laisser mourir de faim et m'avertirent insolemment qu'ils partiraient dans la nuit avec leurs armes pour essayer de rentrer au Soudan, en m'abandonnant à Kong.

» Au même instant, Bailly, mon chef d'escorte, était insulté et frappé sur la place du Marché.

» Je ne m'étendrai pas davantage sur les débuts de notre installation à Kong.

» Pour obtenir ce que j'y étais venu chercher, j'étais décidé à tout accepter, excepté les voies de fait.

» Elles ne devaient pas se renouveler, à la suite de l'entrevue plus qu'orageuse que j'eus immédiatement avec les chefs et notables auxquels je ne cachai ni ma qualité de chef militaire, ni ma résolution énergiquement arrêtée d'être respecté chez eux comme je l'avais été partout ailleurs, au besoin par la force.

» Pour dire toute la vérité, j'offris le combat sur l'heure avec tous les guerriers, en déplorant sincèrement que mes avances, le mobile qui m'avait amené chez eux et ma modération sur ma route de mission n'aient pas été compris et n'aient servi, au contraire, qu'à leur faire croire à ma faiblesse ou à de basses intentions.

» Moins d'une heure après, un mouton et une quantité respectable d'ignames débarquaient dans ma case, envoyés par Ciré et Moro Sia qui s'excusaient, vu l'heure avancée de la soirée, « de ne pouvoir faire mieux pour *aujourd'hui*. »

» Mes tirailleurs mangèrent toute la nuit et, dès le jour, vinrent, en pleurant, me demander pardon.

» Un envoyé de Dakara était déjà là avec l'invitation de me rendre au camp où Karamoko Oulé et les grands chefs de la famille souveraine *m'attendaient* pour entendre « les nouvelles que j'apportais. »

» Il me plut à mon tour d'attendre une semaine pour répondre à l'appel royal, et le 11 mai seulement je me rendis à Dakara, où je fus reçu, très gracieusement d'ailleurs, par le roi Sokolo Mori, Karamoko Oulé, Iamori, les membres de la famille royale, les chefs de guerre et les notables de l'entourage.

» Je n'eus pas de peine à leur faire comprendre les motifs de mon voyage et les causes de la chute de Djenné :

« Au premier blanc qui passa à Kong, il y a six
» ans, vous avez demandé six choses principales,
» parmi lesquelles un bon chemin de commerce pour
» aller à la mer et un remède pour donner l'intelli-
» gence à vos enfants !

» L'intelligence est aux mains de Dieu, et le pou-
» voir d'en donner à ceux qui n'en ont pas n'appar-
» tient à personne, pas même aux blancs, mais le
» chemin de la mer que vous avez demandé à Binger,
» nous avons travaillé six ans à vous l'ouvrir, et
» c'est moi qui vous l'apporte.

» C'est la route de Thiassalé, où, dès maintenant,
» nos commerçants attendent les vôtres.

» Vous voyez bien que c'est à votre demande que
» je suis venu, et j'avais, dès lors, le droit d'attendre
» un autre accueil que celui que vous m'avez fait.

» Vous dites que, depuis, Djenné a été pris par
» les Français conduits par Binger.

» C'est faux ! Depuis longtemps, Binger est à
» Grand-Bassam, où il attend vos remerciements
» qui tardent bien à venir.

» Celui de nos chefs qui a pris Djenné, le colonel
» Archinard, ne poursuivait que le sultan Ahma-
» dou, de Ségou, dont le père, El-Hadj Omar, vous
» a assez fait trembler jadis.

» Si Djenné, ville de commerce, s'était souvenue
» de sa mission et avait gardé sa neutralité, au lieu
» de se jeter dans la lutte en acceptant dans ses
» murs les soldats toucouleurs, vos commerçants

» n'y auraient pas trouvé la mort ; et, d'ailleurs,
» qui d'entre vous me soutiendra que le commerce
» de Kong n'a pas été facilité et augmenté par la
» conquête du Macino?

» Comme vous, Dioulas, les Français ne font la
» guerre qu'au profit du commerce et n'ont jamais
» envoyé leurs soldats dans les villes qui avaient
» bien reçu leurs voyageurs et leurs commerçants.

» Avis à Kong et à vous tous, vieillards et savants,
» qui dirigez ses destinées et que je salue ici. »

» Mon petit plaidoyer, appuyé par de superbes
cadeaux d'une valeur de 1.500 francs, ne rencontra
que des approbations, au moins en apparence, et
amena, en tout cas, le résultat désiré.

» Je reçus l'autorisation et même la prière de
séjourner à Kong, dans une résidence convenable,
avec le titre accepté de représentant du gouvernement
français.

» Une lettre pour le gouverneur de Grand-Bassam
et une autre pour les chefs de Bouna furent rédigées
séance tenante à l'almamy Fassidike, chef religieux
de la ville.

» Une caravane d'essai, conduite par Bafotigui
et Karamoko-Daou, fut, sans retard, organisée pour
descendre à la Côte d'Ivoire par la nouvelle route
qui, ce jour-là, reçut de moi le surnom de *Dioulasira*
(chemin des Dioulas). »

C'est à Kong que Marchand apprit le 17 mai, par
l'explorateur Moscowitz, la présence de l'Anglais

Fergusson à Bouna. A cette nouvelle, le capitaine demanda au gouvernement l'autorisation de reprendre le programme de la mission Braulot et de rentrer par le Dahomey. En attendant cette réponse, il continua sa marche en avant. Il quitta Kong le 30 juin, vint à Kouadiokofikrou, descendit à Thiassalé ; le 29 juillet, Marchand s'établit à Grand-Bassam où il organisa une expédition contre les Sofas qui s'étaient emparés de Kong aussitôt son départ. Le colonel Monteil a reçu, de son côté, l'ordre de marcher contre ces rebelles. Marchand est alors obligé de renoncer à son projet, mais dès qu'il apprend la mission du colonel Monteil, il demande à y prendre part. Sa demande fut favorablement accueillie. Il reçut le commandement de l'avant-garde et livra, avec cette troupe, le 3 mai 1895, à Samory, le victorieux combat de Labiforo. Malheureusement ce succès ne porta pas ses fruits, car Samory resta maître du pays de Kong, et la colonne Monteil dut remonter Grand-Bassam.

Peu de temps après, Marchand revint en France ; ses états de services lui valurent de recevoir l'importante mission dans laquelle il devait s'illustrer.

CHAPITRE II

La Mission Congo-Nil.

But de la mission Marchand. — Organisation de la mission. — Première rencontre avec les indigènes. — A Brazzaville. — Reconnaissance de l'Oubanghi. — Séparation de la mission. — Opérations du détachement Baratier. — Opérations du détachement Germain. — Mort de Morin.

Depuis longtemps l'Angleterre a pour devise de sa politique coloniale en Afrique «du Cap à Alexandrie.» Pour cela, elle cherche à réunir ces deux points opposés par une série de colonies préconisée par Cecil Rhodes, le Napoléon du Cap. L'Angleterre a commencé ce programme en mettant la main sur l'Egypte, en écartant le Portugal, qui voulait joindre sa colonie de Mozambique à celle du Congo. Dès 1893, le gouvernement français avait protesté contre l'extension anglaise en Afrique. Nos protestations étant restées lettre morte, nous cherchâmes à faire subir un échec à l'Angleterre en nous établissant dans le Haut-Oubanghi et dans le Bahr-el-Ghazal. M. Liotard fut chargé de cette mission en 1893.

Il quitta la France en 1895 et vint dans les régions du M'Bomou. Les Anglais redoublèrent d'activité ;

ils décidèrent la conquête du Soudan égyptien, firent réoccuper Dongola, sur le Nil, et mirent en marche l'armée anglo-égyptienne commandée par le sirdar Kitchener.

Quand on connut ces faits à Paris, le gouvernement français résolut de renforcer la mission Liotard ; il décida l'envoi d'une colonne militaire dans le Haut-Oubanghi pour appuyer et étendre l'action de M. Liotard. Le commandement de cette colonne échut à Marchand.

L'état-major comprenait des Africains éprouvés : le capitaine d'artillerie de marine Germain ; le capitaine de cavalerie Baratier, les lieutenants d'infanterie de marine Largeau, Fouque et Mangin ; le lieutenant de vaisseau Morin ; le médecin de la marine Emily ; le lieutenant d'infanterie Simon ; l'interprète Landeroin et l'enseigne de vaisseau Dyé.

Le mois de décembre 1895 et les premiers mois de 1896 furent employés par Marchand, activement secondé par Baratier, à la préparation de l'expédition. Les crédits mis à la disposition de cette mission étaient très limités ; ils ne permettaient pas d'emmener plus de deux cents hommes. A la fin de mars 1896, les bagages étaient réunis en 12.000 charges de 30 kilogs chacune. Ces charges étaient destinées : 5.000 pour le commerce, 3.000 pour l'Oubanghi, 2.000 pour les postes de Sangha, 2.000 pour la mission Gentil, alors vers le Tchad.

Le 25 avril 1896, le lieutenant Largeau, s'embarqua sur le *Thibet*, à Marseille, avec les sergents Dat et Bernard et 830 colis ; le 10 mai, c'était le tour de Baratier, à Bordeaux, avec le lieutenant Simon, le sergent Venail et 1.952 colis ; quinze jours après, le *Stamboul* quittait Marseille, avec Germain, l'adjudant de Prat et 850 colis ; il embarqua à Dakar, Mangin et Emily qui avaient été chargés de recruter, sur cette côte, 154 tirailleurs sénégalais ; enfin le 25 juin, le *Thibet* embarquait Marchand, à Marseille, avec l'interprète Landervin. Le chef de la mission débarqua le 29 juillet à Libreville ; trois jours après, il était à Loango où ses compagnons le rejoignirent.

Dès son débarquement Marchand fut aux prises avec les difficultés. Le pays qui s'étend entre Loango et Brazzaville est habité par les Boubous, les Orougons, les Imengas et les Ivilis qui obéissent tous à Mabiala-Niganga. Quand il fallut se procurer des porteurs, on se heurta à ce souverain qui entrava le plus possible le recrutement. On parvint à en recruter cinq cents, qui laissèrent leurs charges en panne dans la forêt de Mayolabé. Marchand sollicita l'appui de M. de Brazza, gouverneur du Congo. Ce dernier proclama immédiatement l'état de siège, réunit les troupes disponibles du Congo, les plaça sous le commandement de Marchand.

De ce jour commença une expédition militaire à travers la brousse, dans des ravins où une poignée d'hommes devaient avoir raison d'un peuple sauvage heureusement servi par la fièvre des bois, par la fièvre hématurique bilieuse dont Marchand devait être l'un des premiers atteint. Le chef de la mission Congo-Nil dut se faire porter dans un palanquin; il arriva mourant à Londina, le 30 septembre. Sans le dévouement d'une sœur de charité, qui ne quitta pas un instant le chevet du malade, Marchand aurait sûrement succombé.

L'ennemi profita de l'inaction de cette troupe pour s'établir fortement dans des fourrés impénétrables qui s'étendent sur les rives du Nigré et du Zéfou et où les troncs immenses des caoutchoucs, des bananiers et d'autres espèces d'arbres indigènes forment les épaulements de puissants retranchements.

Marchand força ce réduit et obligea Mabiala-Niganga à se réfugier dans la caverne d'Olouma, absolument impénétrable. Il fallait forcer ce refuge et mettre l'ennemi en retraite. Un sergent se dévoua pour aller placer à l'entrée de la caverne des boudins de dynamite ; l'explosion ouvrit une profonde tranchée qui permit à nos soldats de pénétrer dans le refuge. Un corps à corps s'engagea; nos troupes eurent le dessus, firent de nombreux prisonniers et blessèrent un nombre plus considérable de rebelles. Parmi les blessés était Mabiala Niganga, atteint mortellement.

Ce fait d'armes suffit à amener l'ennemi à composition. Marchand se remit en route pour Brazzaville, où il arriva le 8 novembre. Après un repos de quelques jours, il s'occupa de préparer sa marche en avant. Mangin fut chargé de l'organisation des convois et de leur marche en avant. Dès les premières tentatives de départ, la colonne se heurta à des difficultés avec les populations : les porteurs engagés un jour marchaient la première étape, le lendemain ils se dérobaient. Marchand ne douta pas un seul instant qu'il était victime de l'influence anglaise, surtout de l'influence des missions. Il réunit ses lieutenants en conférence, à la suite de laquelle il fut décidé que les villages seraient fouillés par des patrouilles qui auraient la mission spéciale de s'enquérir des causes de la résistance des populations.

Au retour de ces patrouilles au camp les présomptions de Marchand devinrent des certitudes. Sans perdre de temps, malgré les pluies et les orages, malgré une température de 37° qui sévit sur cette région d'octobre à mai, le 13 janvier 1897 Mangin quittait Brazzaville avec trois vapeurs, emportant les tirailleurs, les porteurs nécessaires pour 11.000 charges. Onze jours après, la *Ville-de-Bruges* levait l'ancre, ayant à bord 1.100 charges et toutes les embarcations démontables. Le 1er mars, Marchand prenait passage sur un bateau rapide qui l'emmena au confluent de l'Oubanghi et du Congo.

L'Oubanghi est le principal affluent de droite du Congo ; il forme, sur une longueur de 1.000 kilomètres, la limite du Congo belge et du Congo français. Après avoir coulé du sud au nord jusqu'à Bangui, cette rivière s'infléchit vers l'est. C'est en amont de Bangui

que commencent les rapides, série de passages res-
serrés, entrecoupés de chutes qui sont un obstacle
sérieux, difficile à franchir. Il fallut démonter les
embarcations et les transporter à dos d'homme par
une route qu'une section de tirailleurs transformés
en pionniers dût ouvrir à travers les brousses inextricables que l'expédition devait traverser jusqu'aux
environs de Tambourah; huit jours furent employés
à cette besogne, après quoi le détachement rejoignît
le gros, campé autour de Bangui.

Le départ de la colonne fut fixé au lendemain. A
l'heure dite, le clairon sonna le réveil; les hommes
furent vite debout, et alors le camp offrit un spectacle
des plus variés; ici, les porteurs Beduyrios chantent
leurs hymnes d'adoration au soleil; plus loin, les
Fayoudas soufflent les notes les plus discordantes
dans des cornes de bufle; là, ce sont les Beggars
dansant un *pas sacré* accompagné de cris aigus;
ailleurs, les tirailleurs musulmans, tournés vers
l'est, se conforment au rite musulman; enfin, quelques
catholiques indigènes récitent un *Pater*. A ce propos,
nous croyons devoir dire que la Trinité des nègres
africains se conçoit : Dieu le Père est le père des
blancs; le Fils celui des noirs, et le Saint-Esprit
celui des métis. Après ces prières particulières de
chaque rite, les nègres, sans distinction de religion,
se réunirent pour « calmer la jalousie de leurs
anciens fétiches, » cérémonie qui consiste à prendre
les amulettes, grigris et autres pendeloques que les

nègres portent d'ordinaire, de les regarder en faisant les grimaces les plus extravagantes, de les approcher ensuite des lèvres et de leur parler à voix basse, et les porter à l'oreille, comme si on attendait une réponse de l'objet. Quelques minutes s'écoulèrent et chacun reprit son poste : le tirailleur son arme, le porteur sa charge.

L'air retentit d'un coup de clairon, suivi immédiatement du commandement « en avant, marche. » La colonne s'engagea en file indienne dans la forêt, sous une voûte de feuillage éclairée par ci par là d'un léger filet de lumière. Le silence qui règne dans cette immense solitude n'est pas sans plonger les hommes dans une certaine anxiété ; il les émeut, surtout les nègres, au souvenir des légendes qui ont cours dans cette région. Ce silence n'est troublé que par le bruissement des feuilles tombées sur le sol, et que provoque un reptile en fuite, par le saut d'un oiseau de branche en branche.

Depuis un moment la colonne suivait paisiblement sa route, lés officiers marchant en queue ; tout à coup un arrêt se produisit. Le sergent Dat, commandant l'avant-garde, arriva essoufflé rendre compte que le chemin était barré par un abatis, relié avec des liens de joncs, sur une longueur de 300 à 400 mètres. Marchand arrêta la colonne. Baratier et Mangin dirigèrent des reconnaissances sur les flancs et en avant de ces obstacles, sans découvrir d'autres abatis. Des équipes de porteurs, armés de haches et de sabres d'abatis, se mirent en devoir de faucher les buissons et d'ouvrir une nouvelle piste.

La destruction de l'obstacle était la moindre des préoccupations de Marchand. Ce qui l'inquiétait le plus, c'était le séjour sous le soleil torride et la fatigue occasionnée par le travail. Il tourna la difficulté : contre le climat, il donna à ses hommes une boisson à base de thé additionnée de quinine ; contre la fatigue, il organisa ses travailleurs en quatre équipes qui roulaient entre elles pour le travail, une heure chaque équipe.

En une journée, 120 mètres d'abatis furent enlevés. Les reconnaissances rentrèrent le soir même, après avoir atteint les rapides, sans avoir rien rencontré : au-delà des abatis, la route était entièrement libre. Le camp s'endormit le soir, sous la protection des lampes électriques à réflecteurs et des sentinelles avancées.

Le lendemain, dès la première heure, le travail recommença ; à quatre heures du soir il était terminé, et la colonne se remit en marche. Le soir, à sept heures, elle se trouvait sur une plage formée par une anse assez profonde de l'Oubanghi. Cet endroit paraissait devoir être à l'abri de toute surprise : le camp y fut installé. Marchand avait mal compté sur cette sécurité, car vers minuit un coup de feu jeta l'alarme dans le camp. Bientôt les tirailleurs furent debout, sous les armes, prêts à combattre l'ennemi, derrière les bagages qui devaient servir de parapet.

MARCHAND PRÉPARANT LE PLAN DU VOYAGE

On attendit quelques instants, qui parurent de longues heures, l'explication de cette alerte... un factionnaire avait eu peur d'un crocodile. Quand l'alarme fut expliquée, chacun reprit sa place et termina sa nuit.

La colonne était arrivée au terme de la route de terre. Les embarcations furent montées ; huit jours après, l'expédition s'embarqua pour Mayaka. Chemin faisant, la flottille fut assaillie par quelques coups de feu et des flèches : un tirailleur fut légèrement blessé au bras, deux pirogues furent trouées au-dessus de la ligne de flottaison.

A Mayaka, les équipes de porteurs terminaient leurs engagements ; elles furent remplacées par d'autres porteurs que l'administrateur Bobichon recruta dans le Kazango et le Bourina. De Mayaka la mission devait gagner le confluent de l'Oubanghi avec la rivière M'Bomou, remonter celle-ci jusqu'à Rafaï, de ce point se diriger vers Demziber, à travers la plaine, entre les rivières Chinke et Dinda ; de là marcher vers le nord en contournant les marécages infranchissables du Bahr-el-Gazal, longer la frontière méridionale du Kordofan, les rives du lac No et atteindre le Nil.

Marchand arriva à Abira au prix de fatigues sans nom, augmentées par les travaux de terrassement et les incessantes alertes des indigènes. C'est là que les vraies difficultés d'une marche à travers un pays inconnu, coupé par de nombreux marécages d'où s'exhalaient des miasmes délétères, allaient apparaître. La question des subsistances n'était pas sans préoccuper le chef de la mission, car on se trouvait au milieu des anthropophages.

Les lieutenants de Marchand explorèrent pendant plusieurs jours le cours inférieur du M'Bomou : ils reconnurent trente barrages, des rives marécageuses rendues impraticables par une bordure d'arbres, derniers rejetons d'une forêt vierge impénétrable elle-même.

Marchand fractionna sa troupe en trois détachements, dont chacun reçut une mission spéciale.

Le premier de ces détachements, composé de trois pirogues, fut placé sous les ordres du capitaine Baratier : il avait mission de franchir aussi rapidement que possible les passages difficiles, d'atteindre les eaux libres au-delà des chutes et reconnaître le M'Bomou supérieur en le suivant aussi longtemps qu'il le pourrait, prendre un de ses affluents de droite et marcher le plus avant possible dans la direction du Bahr-el-Gazal. Les pirogues étaient chargées de munitions et de vivres pour deux mois; une dizaine de tirailleurs sénégalais, sous les ordres du sergent Bernard, servaient d'escorte au convoi.

Le second détachement, sous les ordres directs de Marchand, avec Mangin pour second, devait suivre Baratier jusqu'à Baguessé, où le cours du M'Bomou devenait libre.

Enfin le troisième détachement, sous les ordres du capitaine Germain, avec le lieutenant de vaisseau

Morin et le lieutenant Gouly, devait assurer à la flottille le passage des barrages.

Nous laisserons de côté les opérations du détachement que dirigeait Marchand, pour nous occuper de suite des deux autres.

De Bagassé jusqu'à Rafaï, la colonne Baratier eût à faire face à quelques attaques sans importance. A Rafaï, il rencontra M. Liotard avec une importante escorte pour le voyage que cet explorateur effectuait vers la frontière égyptienne. Après vingt-quatre heures de repos, Baratier reprit son chemin. Les pirogues habilement conduites par les Bouzyris atteignirent Zémio sans difficulté. Au-delà de ce point commençait l'inconnu. Fort heureusement la rivière était navigable, ce qui assura le succès de la marche. Un événement vint troubler la première joie. Au cours des travaux de sondage, la pirogue transportant la plus grande partie des vivres, la caisse de pharmacie et les instruments géodésiques chavira. On réussit à renflouer l'embarcation, mais sans pouvoir sauver les vivres. Quelques jours après ce premier accident, la fièvre éclata, et, en quarante-huit heures, mit hors de service la plupart des pagayeurs. Le mal alla vite en grandissant; on ne sait pas ce qu'il serait advenu du détachement si un heureux hasard n'avait pas fait aborder dans une clairière où il fut possible de faire reposer les hommes pendant trois jours, durant lesquels on leur administra la quinine sans compter; on eût ainsi raison du mal.

Les vivres furent remplacés par la chair de deux grands singes qui s'étaient aventurés dans le campement et y furent tués.

Les longues heures de solitude vécues au milieu de ce désert affaiblissaient un tant soit peu le moral des hommes. On se récréa du mieux que l'on put. Entre le repos d'un concert dont deux sénégalais doués d'une voix admirable faisaient les frais, le temps se passait en danses au son du sifflet du sergent Bernard et d'un tympanon improvisé avec une caisse vide.

Baratier laissa son détachement au camp et se porta en avant de quelques lieues, dans le voisinage du confluent du M'Bomou avec le Bokou ou Méré. A l'endroit où il s'arrêta, le fleuve se divise en deux bras. Le bras gauche ayant semblé plus navigable que l'autre, la flottille s'y engagea. Elle avait à peine fait quelques mètres que les embarcations s'enlisèrent. Il fallut les décharger et transporter une à une les caisses dont elles étaient chargées sur un îlot qui émergeait dans le voisinage. Cette opération ne fut pas terminée au moment de la nuit. On décida de camper en attendant le jour qui permettrait de rechercher une voie de salut. Notre troupe était là, en nouveaux Robinsons, à la veille de manquer de vivres et surtout d'eau, car celle de la rivière était imbuvable. La première soirée fut agrémentée d'une chasse.

On allait se mettre au lit quand une des sentinelles

jeta l'alarme dans le camp, annonçant l'arrivée de pirogues. Baratier s'approcha et reconnut bientôt une bande de sauriens, dont le nombre grossissait sans cesse. Quand les crocodiles furent à bonne portée de fusils, Bernard commanda une salve de dix coups : trois des animaux furent tués. Au moment où on allait jeter les trois cadavres à l'eau, un des nègres, sachant préparer la viande de crocodile, offrit ses services, qui furent acceptés avec raison ; chacun se régala à ce repas, les Européens plus particulièrement.

La fin du repas fut marquée par une autre alerte. Un factionnaire ayant aperçu une forme de cadavre humain descendant entre deux eaux, appela. Baratier et Bernard se rendirent à l'endroit indiqué et reconnûrent un cadavre. L'appel de la troupe auquel il fut procédé, révéla l'identité du corps : c'était un porteur qui avait trouvé la mort en tentant de déserter ; trois autres porteurs ayant fait pareille tentative eurent le même sort.

Depuis cinq jours les captifs étaient là sans pouvoir se désenliser, malgré les canaux qu'ils avaient creusés. Un orage, un véritable déluge, comme ils le sont tous sous cette latitude, les tira d'embarras. En une demi-heure les eaux montèrent rapidement ; les pirogues furent remises à l'eau et on put descendre le bras droit du fleuve. Deux jours après, la flottille entra dans le Méré, ayant alors à sa disposition une voie navigable.

Pendant ce temps que devenait le détachement Germain ?

Les premières opérations de ce détachement se firent sans trop d'encombre. Les rives du fleuve étaient à pente assez douce pour permettre de hisser les embarcations à terre et de les glisser ensuite sur le sol par une éclaircie ouverte à la hache, à travers la forêt. Il devait connaître ensuite les difficultés. Les rapides se trouvèrent plus rapprochés, le terrain spongieux et les berges vaseuses. Il fallut recourir à des troncs d'arbres faisant l'office de rouleaux et à l'aide desquels on glissait les pirogues. Les difficultés furent telles que certains jours la colonne ne put avancer que de dix-sept cents mètres ; parfois on dut assoler les marécages avec des fascines.

Comment se représenter la somme considérable de ce labeur, ces hommes enfonçant dans les marais jusqu'au-dessus du genou, les uns attelés au câble qui remorquait la pirogue, les autres portant le chargement de ces pirogues, respirant les miasmes délétères qui se dégagent de ces marais, soutenus par une nourriture composée de légumes secs et de conserves ?

Et cependant ces hommes trouvaient encore le moyen d'égayer la solitude par leurs chants cadensés sur leurs efforts pour la traction de la pirogue.

Le détachement Germain gagna Manao sans rencontrer d'ennemis. Mais là il dut échanger quelques coups de fusils. A deux kilomètres en amont, on rencontra un barrage beaucoup plus considérable que les précédents ; le courant était si violent qu'il fallut mettre à l'ancre huit cents mètres en aval ; de plus, la rive gauche était inabordable. Une reconnaissance de la rive droite révéla un sol plus fort, et, à hauteur du barrage, un bras du fleuve large de deux cents mètres, absolument infranchissable. Il fallut construire un pont, travail qui demanda trois jours.

Ce pont, fait avec des branches d'arbre, était peu résistant. Dès que la première pirogue fut engagée, sous la conduite du lieutenant Morin, un craquement se fit entendre, et le plancher s'effondra au fond de l'eau entraînant l'embarcation et les porteurs. Au même moment surgirent, au milieu de l'eau, une douzaines de pirogues chargées de nègres qui, à force de rames, cherchèrent à arriver sur le lieu de l'accident.

Les tirailleurs sénégalais restés sur l'autre rive leur envoyèrent une fusillade qui abattit un certain nombre d'indigènes et mit le reste en fuite. La panique passée, on examina les pilotis du pont : on reconnut que la cause de l'accident était imputable aux indigènes, car ils avaient scié ces pilotis.

La troupe se mit au travail et le pont fut rapidement rétabli.

Jusqu'alors la colonne Marchand n'avait pas connu les deuils : la mort planait sur l'un des officiers. Morin miné par la fièvre contre laquelle la quinine fut impuissante, devait être la première victime du mal. Au cours de la direction des travaux de reconstruction du pont, un accès de fièvre plus violent que les autres emporta Morin, après une longue et cruelle agonie. Une fosse fut creusée au bord du fleuve. Le corps du vaillant officier de marine y fut déposé, ayant pour linceul les couleurs françaises pour lesquelles il venait de tomber au champ d'honneur. Une croix faite de deux branches d'arbre fut posée sur le tumulus, et le détachement, après avoir rendu les honneurs à Morin, continua sa route, sur ces simples et solennelles paroles de Germain :

— Adieu, Morin, et peut-être bientôt : au revoir.

CHAPITRE III

Le Fort de Baguessé.

Un indigène, marchand de moutons, avait raconté à Marchand que sa tribu entretenait des forces militaires considérables. La première préoccupation du chef de la mission, à cette nouvelle, puisqu'il avait le désir d'occuper les passes de Baguessé, fut d'exécuter des travaux de fortification pour se mettre à l'abri d'une attaque possible des indigènes. Il décida de construire un fortin en empruntant les bois nécessaires à la forêt qui borde le Baguessé. Les troncs devaient être rejointoyés avec un mortier mélangé de sable, d'argile rougeâtre et de pierres calcaires pulvérisées.

Une reconnaissance fixa l'emplacement du fortin sur le sommet d'une position dominant l'horizon visuel d'une trentaine de mètres. L'ébroussaillement demanda trois jours de travail. Pour cela on avait établi deux chantiers ; dans l'un, des bûcherons abattaient à la hache des arbres que l'autre chantier débitait en solives de deux mètres pour former la palissade. Après l'exécution de ce travail, on fit le tracé de l'ouvrage, un rectangle dont les plus grands côtés mesuraient cent-vingt mètres, les petits côtés cinquante mètres. Un fossé de deux mètres de profondeur dont les terres étaient maintenues par un clayonnage renforcé d'une couche de ciment indigène dont nous avons déjà parlé, protégeait la place contre une surprise.

Le fortin fut construit en neuf jours et armé des deux mitrailleuses que l'expédition avait avec elle ; les vivres et les pirogues démontées furent enfermés dans l'intérieur. Une consigne sévère interdit aux hommes de s'éloigner, et des postes, en cas d'attaque, furent assignés à chacun.

Le douzième jour de l'installation, une escouade fut chargée d'une reconnaissance vers le nord. La troupe avait fait à peine trois kilomètres qu'elle était attaquée sous bois. Après un échange de quelques coups de feu, la reconnaissance — une dizaine d'hommes — rebroussa chemin, poursuivie par des indigènes qui leur lançaient des flèches ; l'une de ces flèches traversa de part en part le tirailleur Bakoulebé. Cette troupe fut recueillie par celle du fortin, au moment où une importante colonne de noirs débouchait sur la lisière de la forêt. Un feu de salve arrêta les noirs qui se rejetèrent immédiatement dans le fourré, laissant plusieurs des leurs sur le terrain.

Pendant cette escarmouche, le commandant Marchand était auprès de Bakoulebé qui, se sentant perdu, avait voulu serrer la main de son chef avant de mourir. Quelques minutes après cet entretien, Bakoulebé rendit le dernier soupir. Il fut enterré dans le fort.

Dans la crainte d'une nouvelle attaque, Marchand fit poser les projecteurs électriques ; chaque tirailleur coucha à son poste de combat ; des sentinelles doubles furent établies sur différents points. Vers une heure du matin, alors que le silence de la nuit avait été troublé seulement par les rugissements de la panthère ou du lion en chasse, un bruit se fit entendre dans la broussaille qui parut elle-même agitée ; avec les instants ce bruit grandit et se rapprocha. L'ennemi était à moins de deux cents mètres du fossé. Un coup de sifflet retentit dans le fortin, les réflecteurs lancent d'un coup leurs faisceaux lumineux qui éclairent la campagne et montrent l'ennemi au bout du canon du fusil. Du côté de l'ennemi, une pluie de flèches accompagnée de coups de feu tombe sur le fortin ; trois tirailleurs sont blessés. Les défenseurs laissent approcher l'assaillant ; au commandement : feu, répond une crépitation qui déchire l'air ; à la clarté des réflecteurs, le sol apparaît couvert d'ennemis tués ou blessés. L'élan des assaillants n'a pas été arrêté, il continue son mouvement en avant ; nouveau feu de salve qui brise cet élan, suivi d'une seconde décharge. Les vides nombreux que cette

dernière décharge fait ont raison de l'ennemi qui se
hâte de gagner la forêt, poursuivi par un tir continu.
Arrivé à la lisière du fourré il se crut à l'abri. Une
nouvelle fusillade le reçut : c'est le capitaine Germain
avec cinquante tirailleurs sortis du fort pendant
l'action, grâce à l'obscurité de la nuit. Quelques
groupes d'indigènes réussirent à rentrer sous bois,
tandis que quatre cent-trente furent ramenés prisonniers, et que plus de six cents cadavres jonchent
le sol.

La victoire ne pouvait être complète qu'après une
démonstration offensive. Marchand rassembla ses
officiers en un conseil de guerre. A l'issue de cette
réunion, la compagnie Mangin, à l'exception de la
septième escouade qui avait engagé le combat la
veille, se porta en avant. Deux heures après, alors
que les hommes eurent reçu deux cents cartouches
et trois jours de vivres, la troupe, sous les ordres de
Marchand, quittait le fortin. Tout le long du chemin,
la colonne rencontra des cadavres dont plusieurs
avaient été déjà la proie des chacals et des autres
fauves.

De midi à quatre heures, la colonne fit une halte à
l'endroit même où l'ennemi avait campé, ainsi que
l'attestaient de nombreuses traces de feux ; la nuit
étant tombée, la troupe bivouaqua en forêt, dans le
calme le plus complet.

Le camp fut levé de bonne heure. On marchait
depuis deux heures lorsque la pointe d'avant-garde

s'arrêta : elle avait devant elle, au milieu d'une vaste clairière transformée en champs cultivés, un village défendu par une ceinture de pieux. Marchand fit faire une reconnaissance de ce village, puis il en ordonna l'attaque.

La troupe fut divisée en deux détachements ; l'un, sous les ordres du capitaine Mangin, décrivit un arc de cercle pour prendre la position de flanc ; il devait marcher seulement au signal de Marchand, resté à la tête de la seconde colonne qui devait attaquer le village de front.

Mangin mit un quart d'heure pour décrire son mouvement. Alors les deux détachements s'ébranlèrent et gagnèrent du terrain par bonds successifs. Du côté de l'ennemi tout était tranquille ; rien ne révélait sa présence dans le village. La piste suivie par les deux colonnes de la mission accusait que l'attaque contre le fortin était partie de ce village. Cette tranquillité inquiéta Marchand. Il fit arrêter les deux détachements ; il envoya deux hommes en avant pour reconnaître le village.

Après une longue observation qui ne révéla rien à ces deux hommes, l'un d'eux se décida à franchir le fossé, et, s'aidant des mains, se mit à cheval sur la barrière. De son observatoire, il ne constata aucun signe de vie dans ce village qui lui parut abandonné. Il fit signe à la troupe d'avancer ; quelques instants après, elle franchissait la palissade et se répandait dans le village.

Devant les portes, le mobilier des indigènes était installé, avec leurs armes ; de nombreux paquets, destinés à être emportés, gisaient au milieu des choses plus lourdes : c'était l'indice que l'ennemi avait pris le parti de quitter le village en cas de défaite ; qu'en raison de l'action, il n'avait pas eu le temps d'enlever les paquets pour fuir plus rapidement les représailles qu'il comptait voir exercer sur son village, en cas d'insuccès. Alors, en vertu d'un principe de guerre contre les peuples africains, nos troupes mirent le feu à toutes les paillottes ; bientôt le village devint un foyer faisant une grosse tache rouge dans le ciel.

Tandis que les soldats accomplissaient cette besogne, Marchand, Mangin et le docteur Emily s'arrêtaient à l'extrémité de la voie principale, où se dressait une habitation isolée, plus haute que ses voisines. De chaque côté de l'entrée on remarquait deux piliers entaillés. Au-dessus de cette porte d'entrée, une figure creusée dans un bloc de bois, ressemblant à un crabe, indiquait que cette maison était le temple du dieu Terpi, un des plus terribles et des plus exigeants pour les sacrifices. Ce dieu ne se contente pas de l'immolation des bœufs, des moutons et des chèvres ; chaque mois il exige deux ou trois victimes humaines prises parmi les jeunes filles les plus jeunes et les plus belles de la tribu ; ce chiffre est porté à vingt ou trente par jour pendant la fête akine qui dure une semaine.

L'intérieur de ce temple est un hall rectangulaire dont le sol est en terre battue ; les murs sont couverts des chevelures des victimes qui ont été offertes au dieu et de colliers de dents enfilées sur des tiges de laiton. Au fond, sur un morceau de bois, se dresse le dieu Terpi, barbouillé de sang, ayant devant lui « la barre du supplice. » Cette « barre » est une large table ; au centre de cette table, une rigole profonde donne passage au sang des victimes.

Ici se place un incident qui nous oblige à faire un retour en arrière.

En dehors des agents consulaires, l'Angleterre entretient dans ses colonies des agents libres qui n'ont aucune attache gouvernementale et dont les actes peuvent être désavoués par la cour anglaise. Dans ces conditions, ces agents agissent comme ils l'entendent. A Léopoldville, capitale du Congo belge, l'agent libre était mister Bright. Il avait une jeune fille prénommée Jane. Le jour où le *Faidherbe*, le *Duc d'Uzès*, la *Ville-de-Bruges* et la flottille de pirogues qui accompagnaient ces navires, firent leur entrée à Brazzaville, le père et la fille contemplaient la flottille française. Ils devinèrent que c'était l'expédition qui devait porter les couleurs françaises sur le Nil, en remontant le Congo et l'Oubanghi.

Dès ce jour, l'agent libre conçut le projet d'empêcher la réussite de la mission. Il fut parfaitement servi par le hasard. Pendant le séjour de l'expédition Marchand à Brazzaville, le sergent Mohamed-Abar s'éloigna du camp ; il parvint à se faire transporter sur l'autre rive où il fut l'objet d'une curiosité indiscrète de la part des habitants de Léopoldville. Mister Bright l'aborda, l'attira chez lui où le sous-officier déjeuna à plusieurs reprises. Après le repas, Mohamed-Abar emmena ses amphitryons visiter le camp français, les renseignant sur les provisions en vivres et en munitions dont la mission disposait ; il leur fit voir les chantiers de montage et d'ajustage des chaloupes et des pirogues.

Munis de ces renseignements, l'Anglais et sa fille quittèrent Léopoldville avec une nombreuse escorte. Ils longèrent le Congo et remontèrent vers le nord. Quelques jours après, on lisait dans les journaux la dépêche de source anglaise suivante :

« Madhi soulève populations Darfour et Kordofan. Guerre sainte prêchée dans tout le Soudan égyptien. On craint que le soulèvement ne gagne la Nubie et les Etats voisins du lac Tchad. »

L'insinuation était un prétexte qui devait permettre à l'Angleterre de concentrer une armée anglo-égyptienne pour s'avancer sur Khartoum, Ondourman et Fachoda, arrêter là la mission Marchand : c'est ce qui eût lieu dans les circonstances que le lecteur apprendra plus loin.

Dès que Marchand connût cette nouvelle, le jour de Pâques 1897, il réunit ses officiers et étudia avec eux la situation. Il était à ce moment au confluent du M'Bomou avec l'Oubanghi. De ce dernier point, pour gagner le Nil, Marchand avait le choix : soit la route aisée de Kordofan, ou celle [des marais du Bahr-el-Ghazal, beaucoup plus longue, courant au milieu des marécages d'où émergent de nombreuses îles couvertes de roseaux géants dont quelques-uns atteignent de sept à huit mètres de hauteur, à travers une région absolument inconnue des Européens, car Marchand devait être le premier Européen qui traversait cette contrée.

Bright ne resta pas inactif. Croyant devoir devancer la colonne française, il alla raconter, à travers les villages où il passait, que les *Fringi*, armés de fusils et de mitrailleuses, allaient entrer dans le village, exigeraient les maisons et tueraient les habitants. Partout, l'Anglais prêcha la révolte contre la mission. Ce cri de révolte trouva son écho parmi l'ennemi qui avait tenté de s'emparer de Baguessé; il devait être aussi un cri de vengeance des indigènes contre l'agent anglais.

Ce préambule exposé, revenons dans le temple..

Au moment où les trois Français allaient sortir le cœur débordant de dégoût, leur attention fut attirée par des gémissements qui se répétaient de plus en plus affaiblis. Ils s'arrêtèrent presque consternés et s'interrogèrent. Le docteur Emily rompit l'entretien le premier et s'avança dans la direction d'où venaient les gémissements. Il aperçut deux corps blancs étendus sur une claie de joncs, ayant les coudes et les genoux attachés. A l'appel d'Emily,

Marchand et Mangin le rejoignirent; tous les trois s'approchèrent de la claie et reconnurent un homme et une femme. La femme leur demanda de mettre un terme à ses souffrances en l'achevant. Tous les trois soulevèrent la claie et l'apportèrent au jour : l'homme était mort, la femme agonisait. Les mains et les pieds étaient méconnaissables, les ongles avaient été arrachés et les paupières coupées; les yeux étaient tuméfiés. Le docteur interrogea l'agonisante qui sembla le connaître. Cet interrogatoire lui apprit que le mort était Bright, et la mourante sa fille. Elle ne put faire le récit de leur supplice. Mais il est facile de reconstituer la trame de l'action. Les noirs vaincus, voyant leurs biens et leur village perdus, se vengèrent sur les auteurs de leur défaite en les sacrifiant au dieu Terpi. Le docteur Emily reconnut bien vite que la science ne pouvait rien pour l'infortunée Jane. Quelques instants après l'examen du corps, Jane, ayant demandé pardon, rendit le dernier soupir. Un trou fut creusé, dans lequel on mit les deux corps. Les honneurs funèbres furent rendus aux deux Anglais par la compagnie Mangin, 'qui regagna Baguessé le lendemain.

CHAPITRE IV

A la recherche de Baratier.

Quelques jours après l'incident du temple du dieu Terpi, le commandant Marchand reçut des nouvelles de Baratier.

Le capitaine apprenait au chef de la mission Congo-Nil, que le bief supérieur du M'Bomou était libre, qu'il n'y avait aucun obstacle. Après un examen attentif de ce rapport, les renseignements parurent incomplets à Marchand. Il décida que Germain opérerait une reconnaissance complémentaire de cette rivière.

Nous laissons la parole à un sous-officier du détachement du capitaine Germain, qui a écrit un journal de cette excursion :

. . . .

C'était dans le bas du M'Bomou. Il y a là une suite de rapides et de cascades, avec des rochers rouges, où l'eau se brise, fait des tourbillons de tous les diables.

Avec le capitaine Germain, nous reconnaissions la brousse. Il n'était pas frais le capitaine. Une fichue fièvre, la bilieuse hématurique, comme il dit, le mettait dans l'impossibilité de fourrer une patte devant l'autre. Alors, il s'était collé en palanquin.

Tu sais faut pas te figurer un palanquin à huit ressorts. Pour fabriquer l'ustensile on prend deux perches, on les relie entre elles par une claie de roseaux tressés. On appuie l'extrémité des perches sur les épaules de quatre noirs ; le malade se couche dans la claie... et au trot.

Voilà comme se trimballait le capitaine.

Il avait une mine jaune, les joues creuses. Parole, on aurait plutôt cru un malade que l'on portait à l'hôpital, qu'un soldat devant combattre. Seulement, tu sais, faut pas se fier aux apparences.

On marchait dans des fourrés, en ouvrant sa route au sabre d'abatis. On allait sans voir à dix pas devant soi. Ce que c'est rigolo une ballade comme ça, il faut l'avoir faite pour s'en douter.

Tout à coup, *pfuit, pfuit...*, voilà un tas de flèches qui se mettent à siffler autour de nous.

Le capitaine saute à bas de son hamac, tire son revolver et nous fait ouvrir le feu.

On démolit les moricauds qui nous avaient attaqués, on les met en fuite.

Après ça, on songe à revenir vers le gros de la mission.

Mais, va te promener! Les porteurs, qui sont bien les bêtes les plus lâches qu'il soit possible de rencontrer, s'étaient éclipsés pendant la bataille. Sur les cinq hommes, moi compris, qui accompagnaient le capitaine, deux étaient blessés; pas bien fort heureusement, mais assez tout de même pour avoir assez à faire de se porter.

Et puis, v'lan... le capitaine se remet à grelotter, à claquer des dents. Sa bilieuse hématurique le reprenait.

Fallait le porter, il n'y avait pas à dire « ma belle amie ».

Seulement, c'est lourd un homme, dans ces chemins qui n'en sont pas.

— Allez-vous en, mes enfants, vous reviendrez me chercher avec du renfort.

Tu vois le coup ! On l'aurait laissé là, dans la brousse, et on l'aurait retrouvé sans tête, car ces gueux de nègres, ils ont la manie de décapiter les blancs.

Ils s'y entendent, faut voir, à rendre des points au bourreau de Paris.

Pas besoin de guillotine, va. Un mauvais coupe-coupe, et, en deux temps, trois mouvements, ça y est. On est raccourci.

C'est épatant ce que l'on perd facilement la tête dans ce pays.

Bien sûr que les chapeliers n'y font pas fortune !

Pour en revenir à mon histoire, je dis aux hommes valides :

— Prenez les pieds du palanquin, je prendrai la tête.

Le capitaine proteste.

— Merci, sergent... mais vous-même, vous êtes affaibli... vous ne pourrez jamais.

— Je vous dis que si, mon capitaine.

Et comme il voulait toujours qu'on le plaque où il était, je lui glisse en riant :

— Je vous propose un pari.

— Un pari ? qu'il dit.

— Oui, deux sous que je vous ramène.

Alors il a ri et il s'est laissé faire.

Quelle suée, papa ! Le pays ici est brûlé par le soleil, la terre est sèche comme de l'amadou, mais moi j'étais à tordre en arrivant.

Le capitaine est resté quatre jours sans pouvoir se lever.

Alors ça a été mieux. Il m'a fait venir, et il m'a serré la main.

— Sans toi, je dormirais dans la brousse, qu'il m'a fait.

Il avait l'air ému. Et moi ça me gagnait aussi. Alors pour pas pleurer, ce qui est tout à fait bête de la part d'un soldat, je lui dis :

— Vous savez que vous me devez deux sous, mon capitaine, je vous ai ramené, j'ai gagné le pari.

UNE HALTE DE L'ARRIÈRE-GARDE

Il a ri comme une petite baleine, et puis il m'a dit un tas de choses aimables, que j'étais un brave cœur, et puis ceci, et puis cela.

Je vous ai prévenu, c'est la crème des hommes.

Pour finir, il s'écrie tout d'un coup :

— Comment t'appelles-tu ?

— Jacques, que je réponds.

Je me reprends bien vite.

— C'est-à-dire que c'est mon petit nom. Sur les contrôles de la compagnie je suis porté...

Il me coupe la parole :

— Ça, je m'en moque. Jacques me va. Eh bien Jacques, tu ne me quitteras plus. Nous aurons encore du mal avant d'arriver au Nil, mais nous arriverons tout de même. Cela me fera plaisir d'avoir auprès de moi un ami sûr, et toi aussi, peut-être, seras-tu satisfait de te savoir un ami.

Tu me vois, hein, l'ami de mon capitaine.

J'ai bafouillé quelque chose pour le remercier, mais je ne savais plus ce que je disais. S'il a compris, il a plus de chance que moi.

Mais je bavasse, je bavasse comme une pie borgne.

C'est que je pense que Louise lira ça avec toi. Et sur mon papier, je vois ses grands yeux noirs, son petit nez retroussé à la coquette, et alors, alors... Je vous embrasse tous les deux...

Je continue.

Où en étais-je donc ? Ah oui ! le capitaine Germain

m'arrête comme je rentrais au fortin des rapides, et il m'interpelle :

— Jacques !

— Capitaine !

— Nous partons tantôt.

— Chic, que je réponds, ça ne sera pas trop tôt que la mission se grouille un peu, on commence à prendre racine ici.

— C'est pas la mission qui part.

— Ce que c'est donc ?

— Nous, avec vingt tirailleurs, un chaland et des porteurs.

— Ça va tout de même.

Il me tend la main, car c'est pas des mots en l'air, nous sommes amis.

— Apprête-toi c'est pour dix heures.

Il en était neuf et demie.

— Bon, je lui dis, je n'aurais pas le temps de me faire friser au petit fer.

Tu vois, je lui parle comme je parlerais à un camarade.

Et il rit toujours. Moi, j'aime les gens qui sont de bonne humeur. . . . .

Enfin dix heures sont sonnées.

Il fait déjà une chaleur que le diable prendrait un éventail.

Les vingt tirailleurs qui partent avec nous sont rassemblés le long du retranchement, dans la bande d'ombre.

A propos, c'est drôle ça. L'ombre n'est pas noire comme en France. Il fait si clair ici que l'ombre est bleue... absolument bleue......

C'est le 8 août 1897.

Le reste de la mission nous suivra à dix jours d'intervalle.

Le commandant est là qui nous regarde nous embarquer.

Il serre la main au capitaine Germain.

Encore un crâne officier, va, le commandant. Je suis plus grand que lui, bien que j'aie une taille de Parisien et que la tour Eiffel m'humilie ; seulement, il vous a une paire d'yeux...! faudrait avoir une jolie santé pour faire de la rouspétance avec lui.

Et puis brave homme avec ça ; veillant sur ses troupiers comme un père. Si fatigué qu'il soit, car il se fatigue autant que nous, il fait sa ronde matin et soir, pour s'assurer que chacun prend bien sa ration de quinine.

La quinine c'est le bonbon des Africains. Vrai, rien de meilleur. Sans elle, on ne marcherait pas huit jours.

On s'embarque.

Les pagayeurs se mettent à ramer et nos pirogues glissent, glissent comme des vraies flèches. Je crois bien qu'aux régates d'Amiens, les nègres dégoteraient les yoles du Cercle nautique de la Basse-Seine.

Il fait une chaleur; bon sang ! Je passe mon temps

à tremper un mouchoir dans l'eau et à me le coller sur la tête.

Et ces satanés rameurs ruissellent de sueur comme moi ; mais ça ne les gêne pas, tu sais ; ils ont un petit complet de voyage qui ne leur colle pas sur la peau ; une ceinture de toile et un petit tablier idem qui leur descend jusqu'à mi-cuisses. Tu penses s'ils ont les mouvements libres.

Il y en a deux qui sont superbes. Des hommes de six pieds, les épaules larges, les hanches étroites. On dirait des statues en bronze... comme chez Barbedienne, tu sais, le marchand du boulevard Montmartre. Du reste tu les verras.

Ah! je vois ton œil, papa, tu te figures que je vais t'amener des nègres. Non, non, te fais pas de peine pour ça. Je te les apporterai en photographie.

J'ai un camarade, un petit caporal, qui a un appareil très léger ; il prend un tas de vues, et il m'en fait une collection pour moi.

C'est rigolo pourquoi il m'a pris en affection.

Il est de la Savoie... alors, tu comprends, tous les camaros l'appelaient Savoyard.

Il avait peur que je le blague. Les Parisiens ont une réputation de tous les diables, et l'on dit : Parisien gros-bec! Mais le caporal a une bonne figure... et puis, raser les camarades, c'est bon en France, en garnison, pour tuer le temps.

En Afrique, en campagne, faut pas taquiner le

voisin; il vaut mieux se sentir les coudes. Aussi j'ai attrapé les autres, et je leur ai dit :

— Vous ne savez seulement pas le français et vous blaguez. Il n'y a que les provinciaux qui appellent Savoyard les gens de la Savoie. A Paris, on sait bien que ce sont des Savoisiens.

Alors, ça les a ennuyés ferme, et, pour avoir l'air d'hommes éduqués, ils ont cessé de dire Savoyard.

Le caporal, depuis ce temps-là, se jetterait au feu pour moi.

C'est drôle comme on peut faire plaisir à quelqu'un à peu de frais. A Paris, je n'aurais peut-être jamais songé à cela ; mais en Afrique, on change, va.

C'est tellement grand, tellement imposant, qu'on se sent là dedans comme une petite mouche... une toute petite mouche qui ne ferait rien du tout, s'il n'y avait pas de drapeau.

J'ai ri quelquefois jadis quand je lisais dans les journaux : « Le drapeau représente la France même. »

Eh bien ! j'étais une bourrique. Ils avaient raison, ceux qui disaient cela. Et maintenant que nous sommes entourés d'ennemis, je me ferais tuer comme une grive pour le drapeau, car il me semble que s'ils l'enlevaient, il ne nous resterait plus rien.

La journée s'écoule tranquillement.

Depuis les passes de Baguessé, le M'Bomou est une grosse rivière, plus large que la Seine, avec beaucoup d'eau. Il y a des forêts, tout le long.

Autant la route est pénible dans le cours inférieur du fleuve, autant elle est aisée maintenant. On se promène, la canne à la main. Non, je veux dire, la rame à la main. Et s'il n'y avait pas des armées et des armées de moustiques et de maringouins, ça serait une vraie partie de plaisir.

C'est égal, quand on voit ces forêts-là, c'est autre chose que le bois de Boulogne. Il faut voir cela pour le croire.

Les pagayeurs chantent pour se donner du biceps. Ça ne doit pas être difficile de faire des chansons pour les nègres. Depuis une heure ils répètent :

> Malung' ké paï mou
> Ehé n'gaï akar rofa.

Je ne sais pas au juste ce que cela veut dire, mais j'ai remarqué que cela correspond à quatre coups d'avirons.

Rien de curieux aujourd'hui.

En passant tout près d'une rive marécageuse, j'ai cueilli une fleur de lotus.... Quel joli bouquet on ferait si Louise était là.

Six heures du soir. On s'arrête dans une île boisée. On y passera la nuit.

9 août. — On a navigué toute la journée.

Rencontré des troupeaux d'hippopotames.

Les camarades voulaient leur envoyer quelques balles, mais le capitaine s'y est opposé. Il paraît que ces grosses bêtes sont très méchantes quand elles sont blessées, et nous n'avons pas le temps de nous mettre en bisbille avec elles.

Le capitaine m'a expliqué que le mot hippopotame signifie « cheval de fleuve. » Eh bien, je voudrais connaître le loustic qui l'a baptisé comme ça. Si ça ressemble à un cheval, je veux bien que le cric me croque.

Le soir, on campe sur la rive droite. Il y a là de beaux rochers, on est très bien.

10-11 août. — Toujours la même chose. De la belle eau libre. Le capitaine écrit de son côté une longue lettre.

Il a peut-être un truc pour l'envoyer. Je vais guetter, et si je vois passer le facteur, je vous expédie mon courrier.

A tout hasard, je fais un petit carré dans le coin à droite de cette page, et un autre à gauche. Je mets un baiser dans chacun.

Vous prendrez chacun le vôtre, toi papa, et Louise.

· Encore des hippopotames.

A cinq heures, j'ai vu un lion à crinière noire. Il était en train de boire. Il nous a regardés passer sans se troubler. C'est vraiment une belle bête. Et ça n'a pas l'air féroce. Voilà un animal que j'aimerais.

L'étape est terminée, pas de facteur. Je le dis au capitaine.

Il rit de bon cœur.

Lui aussi fait un journal. Il compte l'envoyer en France, lorsque nous aurons atteint le Nil.

Vous n'aurez pas vos petits carrés demain. Ça ne fait rien, je les embrasse tout de même. Bonne nuit, père; bonne nuit, Louise.

Il y en a des étoiles à mon ciel de lit.

C'est plus chic qu'un dais d'archevêque.

12-13-14-15-16 août. — Rien de changé. De l'eau profonde, des forêts.

Au milieu du premier jour, la rivière se resserre un moment, le courant a plus de force, mais les pagayeurs en sont quittes pour se « patiner » un peu, et l'on passe.

17 août. — Une pirogue a chaviré.

A-t-elle heurté un banc de sable, ou bien l'équipage a-t-il fait une fausse manœuvre, on n'a jamais pu le savoir.

Personne ne s'est noyé.

Seulement on a perdu une charge qui est restée au fond de l'eau.

18 août. — On est resté campé toute la journée, pour attendre le chaland qui ne marche pas aussi vite que nous.

Des noirs du voisinage sont venus au camp. Ils ont apporté des fruits et des légumes. Une orgie, quoi.... Seulement, ils sont gais ces noirs-là.

Le capitaine a demandé à leur chef s'il ne pourrait nous vendre des volailles et des moutons, et le nègre lui a répondu :

— Les Bradeiros (c'est le nom de leur peuplade), ne sont pas des gens qui creusent péniblement la terre; ce sont des guerriers.

— Cela n'empêche pas de vendre des moutons, a repris le capitaine.

— Nous n'en avons pas.

— Ça, c'est une raison.

— Nous mangeons les animaux que nous tuons à la chasse, ou bien nos prisonniers de guerre. Si tu veux, je t'enverrai deux jeunes hommes.... Ils ont dix-huit ans... très bons à manger.

Ce sont des anthropophages, et ils parlent d'absorber leur semblable comme nous de déguster un bifteck.

C'est égal, s'ils mangent tous les gars de dix-huit ans, il ne doit pas y en avoir lourd à la conscription. En voilà un système de recrutement!

Je n'ai pas besoin de te dire que le capitaine a refusé...; mais, ce qui était amusant, c'était la surprise du chef noir.

Evidemment, il croyait faire là un joli cadeau, et il m'a paru qu'il s'en allait un peu vexé.

Vers quatre heures, le chaland est signalé. Il avance, il avance, et bientôt il rejoint les pirogues.

Partout il a trouvé assez d'eau. Les vapeurs pourront passer.

19 août. — Aujourd'hui, on a eu un peu de mal. Le chaland s'est échoué sur un banc de vase.

On a travaillé trois heures à le renflouer. Enfin on y est arrivé tout de même.

Le capitaine Germain, pour que les bateaux de la mission n'éprouvent pas le même accident, a fait baliser la passe en eau profonde. Et puis on a continué.

Du 20 au 28 août. — Nous avons eu du tintoin et mon journal en a souffert.

Nos porteurs, bien qu'ils ne fassent à peu près rien en ce moment, avaient comploté de nous fausser compagnie. La nuit, ils se sont glissés hors du camp et ont filé vers l'ouest.

On te leur a donné une chasse numéro un. Presque tous ont été ramenés.

Il paraît qu'un sorcier, à l'avant-dernière halte, leur avait prédit que tous trouveraient la mort près d'un village dont nous sommes tout proches. Ils l'ont cru... j'allais dire les imbéciles, mais je me rappelle qu'en France, il y a des gens qui croient aux somnambules... et je ne dis plus rien. Alors il y a eu une scène cocasse. Le capitaine avait quelques paquets de cure-dents. Comment a-t-il pu les amener jusqu'ici? Ça, je n'en sais rien. Mais il a gravement offert un cure-dents à chacun des noirs en disant :

— Ceci est un grigris français, plus puissant que tous ceux de vos sorciers. Avec cela, vous n'aurez rien à craindre, et les ennemis que vous craignez n'oseront pas vous attaquer.

Et comme on a franchi le village sans aucun accident, nos porteurs ont la plus grande vénération pour les cure-dents. Ils les ont enfilés dans leur ficelle à grigris, et ils les portent sur leur poitrine. Depuis même, ils regardent les autres indigènes avec mépris, et ils disent entre eux, en les désignant :

— Lui, pas grigris français.

29 août. — Nous devons approcher du confluent de M'Bomou et de la Méré ou Bokou, où nous devons rencontrer un poste établi par le capitaine Baratier qui, lui, est occupé encore à reconnaître cette dernière rivière. Je dis cela parce que le lit du M'Bomou se resserre peu à peu. Mais l'eau reste toujours profonde. Les renseignements du capitaine Baratier se confirment. Il avait écrit que le M'Bomou était navigable jusqu'à son point de jonction avec le Bokou. C'est vrai.

Au campement, le soir nous recevons une visite curieuse. C'est une femme, marchande de poules. Elle est albinos. C'est-à-dire que sa figure et son corps sont en partie noirs et blancs comme la robe d'un cheval pie. Avec cela, l'iris des yeux est rouge et les cheveux crépus sont jaunâtres. C'est extraordinaire....

30 août. — Un petit coup de fièvre. Presque rien. Deux doses de quinquina l'ont fait sauver. C'est curieux, cette bilieuse, comme ça fait mal à l'estomac. On dirait qu'on a avalé un charbon rouge.

1er septembre. — Voilà la rivière Bokou, le poste laissé par Baratier. Les tirailleurs accourent sur le rivage. Ils nous font des signes d'amitié. On débarque et l'on s'embrasse. Je crois bien que j'ai donné l'accolade à une demi-douzaine de Sénégalais. Encore une idée que je n'avais pas eue à Paris. Mais il semble qu'ici, on est tous des amis et des frères. Sans compter que les tirailleurs sont épatants. Rien de plus brave, de plus endurant, de plus dévoué que ces Français à face noire. Et ils détestent les Anglais, faut voir. Ils ont même un dicton qu'il faut que je te marque.

— *Igli,* disent-ils (*Igli,* ça veut dire Anglais), *Igli,* grandes dents; li mettre tout dans ventre à li, li manger la case et le champ, et pis couper noir en quatre.

Il paraît que cette haine est commune à tous les noirs de l'ouest-africain, le capitaine me l'a affirmé. Il a même ajouté que si la colonie anglaise de Sierra-Leone dépérissait, c'était parce que tous les habitants émigraient sur les territoires français, afin de n'avoir pas les Saxons pour maîtres. Si c'est pour ça qu'on les appelle des colonisateurs....

7 septembre. — Un courrier de Baratier.

Veine, la rivière Bokou est navigable jusqu'à N'Boone. N'Boona, c'est un gros village où l'on pourra se goberger. Faudra bien, car après, faudra porter les embarcations à dos d'hommes à travers la brousse et tracer un chemin de 160 kilomètres pour arriver à la rivière Soueh, qui est un des principaux bras du Bahr-el-Ghazal.

Une vraie tuile, comme tu vois. Enfin c'est un échange de bons procédés. Quand les bateaux ne peuvent plus vous porter, il faut bien les porter à son tour.

Les vapeurs de la mission arrivent. . . . . .

. . . .

Le 10 septembre, les détachements Marchand, Baratier et Germain étaient réunis au confluent du M'Bomou et du Bokou. Le lendemain, la mission remonta le dernier cours d'eau jusqu'à dix kilomètres en amont du M'Boona. De ce point il fut impossible de se porter en avant. D'après les renseignements que Marchand possédait, la mission devait être à 160 kilomètres du Soueh.

Le 16 septembre, un détachement de sept tirailleurs et un sous-officier, sous les ordres directs de Marchand, se porta en avant pour reconnaître le Soueh, sur les rives duquel cette petite troupe se trouvait le 25 septembre.

Nous laissons encore la parole au sergent Jacques :

. . . .

C'est à travers la brousse qu'il faut se frayer un chemin. A chaque instant, on rencontre des marigots qu'il faut tourner, des cours d'eau qu'il faut franchir. On cherche un gué, on passe avec de l'eau jusqu'aux

genoux, jusqu'aux reins, quelquefois jusqu'aux
épaules.

Paraît que nous entrons dans la région des marécages, la vraie région. Ceux du M'Bomou n'étaient
que de la petite bière, comme qui dirait un apéritif,
pour nous mettre en goût. On est toujours trempé,
un vrai bain de vapeur. C'est le Hamman à per-
pétuité.

Bah! on a de la quinine. Avant le départ, le commandant nous a fait prendre à chacun une petite
provision de la bonne poudre. Pour qu'elle ne soit
pas mouillée, j'ai mis la mienne dans le fond de mon
salacca.

Et j'en deviens gourmand, je m'en offre de temps
en temps. Aussi pas de fièvre, ou du moins si peu
que ce n'est pas la peine d'en parler. Je me moque
de la « bilieuse ». Il y en a un autre qui s'en moque
encore plus que moi. C'est le commandant.

Non, vrai, cet homme-là a une volonté de fer, et
si l'on avait l'idée de reculer, il n'y aurait qu'à le
regarder pour changer d'avis. Il a la fièvre lui, il l'a
à haute dose; mais cela ne l'arrête pas, il la do-
mine. J'ai entendu raconter que certains malades
battent la maladie par la volonté. Eh bien, c'est vrai.
Marchand est malade, mais il ne veut pas plier devant
le mal.... Et il ne plie pas.

C'est égal, quand je pense qu'il faudra traîner les
vapeurs et les chalands par le chemin que nous
venons de parcourir, j'en ai chaud. Je sais bien que

les autres recrutent des porteurs pendant notre absence, mais en trouveront-ils assez?

Enfin, ce n'est pas tout ça. Le commandant vient de faire abattre un arbre superbe, droit comme un I et gros... il a au moins un mètre cinquante de diamètre.

Oh! bien, elle est bonne, me voici constructeur de canots. L'arbre qu'on a abattu, faut le transformer en pirogue. Et l'on enlève l'écorce, et l'on taille, et l'on creuse. Je viens de travailler deux heures.

Le commandant a eu une crâne idée. A quelques mètres de la rive se trouvait un creux. Il a creusé lui-même une petite rigole jusqu'à la rivière. L'eau est arrivée par là, a rempli le trou; si bien qu'on peut se baigner sans crainte des crocodiles. Je vais piquer ma tête. Là, ça y est. Je suis retapé. Seulement je tombe de sommeil. Une petite dose de quinine, un souvenir à toi, à Louise. Mes yeux se ferment malgré moi. Ils se troublent. J'aperçois confusément le commandant au bord de la rivière. Il grelotte la fièvre, mais il reste debout. Cré matin, il est donc doublé en tôle, cet homme-là !

26 septembre. — La pirogue est à l'eau. — Embarque. Nous y sommes tous. Le commandant va mieux ce matin. Il a dû servir à la bilieuse un potage à la quinine sérieux. Il a l'air content. Tant mieux. Ça fait plaisir à tout le monde. Il est à l'avant du bateau. Avec un plomb, il sonde sans cesse le lit du fleuve. Il y a assez d'eau, bravo !

28 septembre. — Trois jours de navigation à cent vingt kilomètres par jour. On s'est arrêté à Meschera-el-Reck. En voilà un pays à grenouilles. De l'eau partout avec des îlots en masse, des roseaux comme je n'en ai jamais vus, des bambous qui ont sept, huit, dix mètres de hauteur. Faut revenir maintenant. Ce sera moins drôle.

Les rivières, c'est comme les montagnes, faudrait, pour bien faire, les prendre toujours du côté de la descente, et nous allons remonter. Plus moyen d'écrire, on a tout le temps la rame à la main.

14 novembre 1897. — Ah! mes enfants, quelle semaine nous venons de passer. On est rentré à M'Boona. Et aussitôt toute la mission s'est mise en mouvement. Fallait tracer dans la brousse une route de cent soixante kilomètres, pour permettre aux porteurs d'amener la flottille démontée jusqu'à Kadialé.

Kadialé, c'est l'endroit où le commandant avait reconnu que le Soueh devenait navigable. Heureusement, pendant son absence, Baratier, à qui il avait remis le commandement, avait fait démonter les bateaux et avait commencé le tracé de la route, en élargissant le sentier que nous avions frayé.

On ne se figure pas ce qu'on a abattu d'ouvrage avec deux cents tirailleurs et mille porteurs.

Décrire ça, je ne saurais pas, faudrait être un savant pour tout dire.

Tantôt c'est la forêt épaisse qu'il s'agit d'éventrer.

Tantôt des petits ravins qu'il faut combler. D'autres fois des rochers dans lesquels on doit creuser une trouée. Alors on établit un fourneau de mine, et en avant la dynamite.

Pouf, un éclatement comme un coup de tonnerre, une flamme. On regarde, il n'y a plus de rocher ; seulement ça serait imprudent de regarder de trop près, car le rocher éclaté retombe en monnaie.

Et puis, la route tracée, c'est épatant de voir la caravane s'y engager.

Les porteurs nus, sauf le petit tablier dont je t'ai parlé, avec un espèce de turban au sommet du crâne, sur lequel ils appuient les perches où sont attachées les forges, les pièces des embarcations, les charges.

Plus loin, les groupes qui portent les gros morceaux des vapeurs. Six, huit noirs, par trois, par quatre de front, soutiennent le poids écrasant de fragments de coque de huit cents kilogrammes. Ils s'avancent dans les hautes herbes, dans lesquelles ils disparaissent jusqu'à la ceinture.

A propos, on parle toujours des serpents... J'en ai même vu au jardin d'Acclimation que les étiquettes disaient venir d'Afrique. Il y en a certainement, j'en ai aperçu quelquefois. Mais c'est à remarquer, personne de la mission n'a été mordu par eux.

Maintenant on se prépare à hiverner. Car il nous arrive une chose désagréable. C'est l'époque des basses eaux. Impossible d'aller plus loin. Le commandant a fait installer des postes à Tamboura et à Ghalta. Lui a pris ses quartiers plus haut, au confluent du Soueh et du Toudy.

Il y a établi un fort, auquel il a donné un joli nom : Fort Desaix. Entre ce point et le Nil s'étendent des marais infranchissables. On ne pourra en essayer la traversée qu'au moment de la crue, dans plusieurs mois.

En attendant, on fera des reconnaissances aux alentours, on passera des traités avec les tribus. Comme cela on ne perdra pas son temps, et l'on établira l'influence de la France dans le bassin du Bahr-el-Ghazal.

CHAPITRE V

Dans le Bahr-el-Ghazal.

Au fort Desaix. — Comment on apprend la présence des Anglais sur le Nil. — Baratier est envoyé en mission : à travers les marais ; la faim et la soif ; retour au fort Desaix. — La vie au fort Desaix. — Mort du lieutenant Gouly. — Abandon du fort Desaix. — En vue de Fachoda.

Le point choisi par Marchand pour l'érection du fort Desaix; permettait de rayonner dans les directions du Nord, de l'Ouest et du Sud. Quant à la direction de l'Est on ne pouvait s'en occuper : la région qui s'étendait vers ce point cardinal n'était qu'un marécage d'où émergeait une forêt de roseaux, de bambous et d'herbes. Les journées de la mission se passaient en expéditions ; l'enseigne de vaisseau Dyé s'occupait du levé hydrographique du Soueh.

Les expéditions militaires aboutirent à la pacification du Bahr-el-Ghazal que Marchand constitua en trois cercles ; chaque cercle fut placé sous le commandement d'un officier de la mission.

En janvier 1898, Marchand acquit la certitude que la route du Congo au Soueh était en sa possession. Alors il songea à organiser définitivement cette conquête. Entre-temps des négresses vinrent au fort

offrir des légumes et du gibier. Deux de ces vendeuses retenues par le chef de poste lui racontèrent
qu'une troupe nombreuse de blancs se trouvaient sur
le Nil. Immédiatement ces indigènes furent conduites
auprès de Marchand à qui elles renouvelèrent leurs
déclarations.

Le commandant crut un moment qu'il s'agissait de
la mission Liotard. Les indigènes lui répondirent
que ce ne pouvait être cette mission, puisqu'elle n'est
pas sur le Nil, mais à Dem-Ziber où la sécheresse
des eaux la retenait ; que de Bahr-el-Arab pour
déboucher dans la rivière des Gazelles, elle aurait à
faire une route de 400 kilomètres. Ces femmes dinkas
ajoutèrent qu'un griot, venu de l'Ouest, leur avait
dit que ces blancs se dirigeaient vers Fachoda.

Cette nouvelle plongea Marchand et ses lieutenants
dans une profonde anxiété. Le seul moyen de sortir
de cette anxiété c'était d'envoyer une reconnaissance
dans cette direction. La chose n'était pas sans péril,
à travers les marais inextricables du Bahr-el-Ghazal.

Le capitaine Baratier réclama pour lui l'honneur
de cette périlleuse mission ; ce n'est qu'après bien des
hésitations que Marchand céda aux instances de son
brave compagnon.

Dès le lendemain, des détachements furent lancés
en avant. Ils avaient mission de s'arrêter dans tous
les villages, d'interroger les habitants sur la présence
de ces blancs sur les bords du Nil. Pendant quinze
jours, tout le pays fut exploré, sans que l'on put avoir

la moindre indication, sinon que dans trois villages le même griot avait raconté ce que Marchand savait par les deux vendeuses.

Il ne restait donc plus qu'à organiser la mission deBaratier. Trois pirogues et un bateau plat (boat) furent équipés.

Et maintenant, comment Baratier et ses compagnons allaient-ils se tirer de cette périlleuse mission? Baratier lui-même nous le dit :

. . . .

Donc, le 12 janvier, je pars avec un seul boat; Landeroin, vingt tirailleurs et huit pagayeurs sont avec moi.

Dès les premiers jours, je constate que c'est à peine si je trouve de quoi nourrir mes trente hommes, en payant très cher. Enfin, après quelques palabres, j'arrivais toujours à passer, mais cela menaçait de devoir être beaucoup plus long que je ne le pensais.

Le 25 janvier, nous n'avions plus de vivres, les Djinquis ou Dinkas refusant de m'en vendre.

Le 26, à neuf heures du matin, au détour d'un coude, nous voyons cinq éléphants sur la berge. Nous sautons à terre et en tuons deux. Du coup, une nuée de Djinquis arrive. Ils sont très avides de viande, aussi je leur promets les éléphants s'ils apportent de la farine. Leur méfiance disparaît devant l'appât, et j'ai cinq jours de farine pour tout mon monde; la Mechra ne peut être loin, je suis paré.

Le 29 janvier, le Soueh se rétrécit, les berges s'abaissent; par endroits d'immenses marais crèvent la rive.

Le 30 janvier, les berges disparaissent complètement et nous entrons dans un chenal assez profond, circulant au milieu de roseaux. Ce sont les roseaux que les Nubiens appelaient l'oumnsouf (mère de la laine), à cause de la gaine qui enveloppe la tige, gaine de poils soyeux qui s'accrochent à la peau et causent des démangeaisons cuisantes.

A onze heures du matin, nous trouvons un premier barrage formé de débris de roseaux réunis par une plante verte ayant la forme d'un petit chou. Nous ouvrons le barrage, puis un deuxième, un troisième, etc...

A midi, nous sommes en face de deux bras. Une pirogue djinquie nous fait signe de loin de prendre celui de droite.

C'était un chenal très étroit ; le boat se fraye un chemin dans les herbes sur lesquelles se halent les hommes.

A trois heures, le chenal disparait complètement ; il est impossible que les bateaux des Turcs aient jamais passé par là. Les Djinquis nous ont fait prendre le mauvais chemin ; je commande : en arrière, et à sept heures du soir, nous revenons au confluent des deux bras.

Il fait nuit, impossible de trouver un coin de terre, c'est le marais de tous côtés. Cependant, sur notre

BIVOUAC DE LA COLONNE

droite, les herbes sont tellement épaisses que l'on peut presque se tenir dessus comme sur un plancher. Nous restons là, sur nos cantines, pour ne pas être complètement dans l'eau, on y est encore moins mal que dans le boat.

Il fait très froid. Pas un morceau de bois ; ni feu, ni cuisine, mais en revanche des moustiques...

Le 31 janvier, nous repartons par le bras laissé hier. A huit heures du matin, le bras entre lui aussi, dans les herbes ; on recommence à se haler sur l'oumn souf qui s'accroche aux mains. A dix heures, plusieurs pirogues djinquis apparaissent derrière nous. Impossible de les faire approcher. Je me mets l'eau avec Landeroin et j'arrive près des indigènes. Pas un ne parle arabe, nous causons donc par gestes.

Une pirogue consent à nous servir de guide ; avec une peur bleue, elle passe à côté du boat et prend le devant.

Les pirogues djinquies sont d'énormes patins, très légers, posant à peine sur l'eau et très relevés aux deux bouts ; elles glissent ainsi facilement sur les herbes immenses. A midi, nous débouchons dans une succession de mares couvertes de nénuphars. Il n'y a presque plus d'eau, les hommes tirent le boat sur la vase dans laquelle ils s'enfoncent jusqu'aux aisselles. C'est le marais à perte de vue ; de la vase se dégage une odeur effroyable.

A trois heures, il n'y a plus d'eau du tout ; je fais

signe aux Djinquis que je m'arrête. Ils me font signe de leur côté qu'ils reviendront demain, que je puis coucher là.

Coucher où ?

Un banc de vase à peu près asséché est à 150 mètres à gauche ; à grand peine nous parvenons à décharger le boat sur ce banc, et nous couchons sur cette vase. Il nous reste cent grammes de riz à chacun par jour et pour cinq jours.

Le 1er février, les guides reviennent à neuf heures. Impossible d'obtenir qu'ils nous apportent des vivres. Nous nous traînons sur la vase.

Enfin, à midi, nous débouchons dans un lac. De l'eau! de l'eau et de l'oum-nsouf, mais de terre, point.

A trois heures, les guides nous lâchent. J'essaye de continuer seul, mais comment trouver le chenal? où crever les barrages qui se montrent de tous côtés?

A cinq heures, je m'arrête ; nous trouvons un morceau de vase à peu près sèche, et nous couchons là. Il fait diablement faim !

Le 2 février, les guides reparaissent encore ; le soir, nous ne trouvons, pour passer la nuit, que le plancher d'herbes, et nous restons assis sur nos cantines. Pas de feu et pas de cuisine!

Le 3, même navigation, nous trouvons un petit îlot ; au moins nous serons au sec, mais la faim ne diminue pas !

Le 4, à midi, nous débouchons dans une vraie mer, mais, hélas ! à cinq heures, nous rentrons dans les herbes. Campement sur les herbes.

Le 5, les herbes sont plus hautes et plus épaisses que jamais ; elles n'ont pas de racines, on ne peut plus se haler dessus et il y a trop de fond pour les perches. Qu'allons-nous devenir ?

Impossible de faire approcher les guides. Exaspéré, je me mets à l'eau, je veux aller à eux leur faire comprendre que nous crevons de faim, mais il y a trop d'herbes, on ne peut nager, et trop de fond, on n'a pas pied. Ma tentative n'a eu pour résultat que d'éloigner les guides. A six heures du soir, nous avons fait 1.350 mètres.

Même nuit qu'hier, il n'y a plus un gramme de vivres à bord.

Le 6, nous repartons. Qu'allons-nous devenir ? Pas un oiseau ne se montre.

A cinq heures du soir, nous entrons dans une succession de mares couvertes de nénuphars. Nous en arrachons des racines et les dévorons.

De loin, les Djinquis nous font signe que c'est parfait. Je les tuerais ces gens-là !

Tu me diras : mais ces Djinquis, où sont leurs villages ? Il n'y en a pas.

Dès qu'un coin de terre émerge de l'eau, ils construisent une hutte cachée au milieu des herbes, pendant la saison sèche, et rentrent à l'intérieur des terres lorsque les crues commencent.

Donc, le 6, au soir, nous sommes au milieu des mares; il n'y a même plus le plancher d'herbes des autres jours, nous couchons dans le boat, accroupis sur nos caisses.

Le 7, au matin, nous parvenons à approcher des Djinquis.

Je leur montre que nous mourons de faim; ils se décident à nous déposer sur l'eau un peu de poisson sec; il y en a bien six rations. A trois heures, les hommes sont fourbus, il faut s'arrêter.

J'ai remarqué, en passant, un banc de sable sur la gauche du chenal, à trois kilomètres en arrière; nous y revenons et faisons provision de nénuphars.

Le 7, dans la nuit, un homme est pris d'un accès de fièvre très violent, avec coma. C'est la faim et la fatigue.

Je lui fais une injection de quinine; j'ai juste deux grammes de bromhydrate et Landeroin, cinq de sulfate. Fasse le ciel que nous n'en ayons pas besoin de plus!

Le 8, je suis obligé de laisser les hommes se reposer sur ce banc sec.

Le 9, nous retrouvons des guides et entrons dans un chenal de 200 mètres de large.

La Mechra?

Les Djinquis n'ont pas l'air de connaître ce nom. « Masoin? » Ils montrent le nord et décrivent un arc de cercle vers le sud.

Qu'est-ce que cela veut dire?

Si je pouvais seulement prévenir Marchand, lui faire savoir où je suis et le terrible obstacle que la mission va rencontrer.

Où suis-je?

Mon levé me dit que je suis au Ghazal, mais je n'ai pas d'instruments pour faire le point.

A onze heures du matin, nous trouvons un bras qui descend au sud. Est-ce la Mechra?

Je crie : « Masoin » aux Djinquis; ils me montrent le nord de nouveau. A une heure, nous sommes dans une vraie mer.

Il est impossible que je ne sois pas dans Ghazal. Cependant, nous descendons un courant rapide; or, tous ceux qui ont écrit sur ce fleuve affirment qu'en amont de l'Arab il n'y a pas de courant pouvant être mesuré. Mon levé est-il donc faux?

Enfin, je continue.

Le 10, mes guides s'en vont en me montrant le nord. A midi, nous passons au pied d'une île.

Les hommes n'en peuvent plus de fatigue et de faim, et les nénuphars ont l'air de diminuer; il faut s'arrêter et faire provision.

Dans l'après-midi, je vois des canards; je coupe des balles en morceaux et fais des cartouches. Du premier coup je tue trois canards, mais les autres filent au diable. Heureusement que mon sergent, Mariba, a tué de son côté un grand marabout égaré par là, et les hommes ont trouvé deux ignames. C'est un festin.

Le 11, nous repartons. A cinq heures, Mariba me montre un hippopotame ; je tire et je le tue, mais il faut attendre qu'il remonte. J'entre dans un bras latéral, sans courant, pour attendre. Mariba me montre encore un hippopotame.

Je lui dis : tire ; il lui met une balle dans la tête, l'animal se débat furieusement. Je l'achève, et comme il n'y a que trois mètres de fond, nous arrivons à l'attacher à la chaîne, mais il n'y a de terre nulle part, nous ne pouvons le tirer de l'eau.

Le 12, nous poursuivons notre route, remorquant notre hippopotame. Vers dix heures, un coin de marais desséché. On se met à dépecer l'animal, mais il n'y a pas de bois : eh ! mon Dieu, nous le mangeons tout cru !

Le 13, à midi, un îlot couvert de jujubiers. Cela fait un peu de bois pour fumer nos morceaux d'hippopotame.

Le 14, toujours un chenal superbe, mais le vent souffle fort et soulève de vraies vagues qui nous retardent beaucoup.

A cinq heures, nous voyons enfin des arbres au loin. Alors il y a de la terre.

A cinq heures trente, nous arrivons à un confluent ; la terre doit être là à 150 mètres. Je commande de traverser pour y arriver. Au milieu du chenal, une forte secousse nous fait perdre l'équilibre. C'est un hippopotame qui a crevé notre boat.

Le sergent Mariba me crie :

— *Dji bé na* (l'eau vient), force! force!

L'eau monte avec une rapidité effrayante. Nous sommes à cent mètres de la berge, berge flottante; qu'y trouverons-nous? six mètres ou un mètre d'eau?

Les hommes pagayent avec rage ; le boat n'émerge plus que de cinq centimètres. Nous touchons les herbes, tout le monde saute à l'eau, on n'en a que jusqu'à la ceinture, nous sommes sauvés.

Les charges sont enlevées et portées jusqu'à la terre ferme ; les herbes sont épaisses, il faut une heure pour arriver à la terre. Pendant ce temps, j'aveugle la voie d'eau avec une couverture, vide le boat et nous l'amenons à terre.

La nuit est venue, à demain la réparation.

Le 15, réparation. Le trou a quinze centimètres de long sur dix de large, le métal est arraché et tordu dans tous les sens. Nous possédons un marteau pour tout instrument. Enfin, j'arrive à réparer l'avarie avec deux plaques de bois, une en dessous, une en dessus, serrées à force avec de la peau de notre hippopotame et je calfate le tout.

Le confluent où nous sommes est boisé, mais il n'y a qu'une langue de terre, tous les arbres sont dans l'eau. Un bras monte vers le nord, l'autre vers le sud-est. Je prendrai ce dernier.

Le 16, nous repartons. Un chenal de cinquante mètres de large et de près de neuf mètres de profondeur. Le courant est encore plus fort. Suis-je dans la bonne voie?

Le 17, nous continuons. A cinq heures du soir, nous trouvons un bon campement au confluent, un gros bras vers le sud.

Le 18, nous explorons le bras, ou plutôt les bras du sud; ils sont tous bouchés par des papyrus, ce ne peut être le chemin.

Le 19, je reprends la marche vers le nord. Le chenal devient un torrent.

Le 20, au matin, ayant couché sur un banc de sable, je me réveille; plus de boat. Le courant l'a entraîné.

Il faut partir à sa recherche, tantôt sur la terre, tantôt dans la vase jusqu'au cou, tantôt à la nage. Au bout de dix kilomètres, je le retrouve. Nous le ramenons au campement, mais une journée perdue.

. . . .

Le 22, nous longeons plusieurs villages, mais les habitants refusent de parler et ne veulent rien nous vendre.

Trouverait-on beaucoup de soldats comme ces noirs qui, crevant de faim depuis près de deux mois, n'iraient pas piller des villages aussi peu hospitaliers? C'est pourtant ce qu'on peut faire avec nos tirailleurs sans qu'un seul songe à protester.

. . . .

Le 24, nous explorons un bras du sud. C'est une impasse.

Plus de doute, je suis bien dans le Ghazal; mon levé est exact, et j'arrive au lac Nô.

Dans dix jours, huit peut-être, je serai à Fachoda, y trouverai-je les Anglais? Non.

Je rencontre un habitant. Il parle l'arabe, celui-là. C'est le premier.

— Y a-t-il des blancs sur le Nil?

— Oui.

Quel coup. C'est un écroulement, échouer au but. Et je veux savoir, je reviens à mon homme.

— Où sont-ils? A qu'elle distance.

— Il ne sait pas; bien loin vers le nord.

Sauvés! de ses explications il résulte qu'il s'agit d'une armée.... Les troupes qui opèrent contre les Derviches.... Je puis revenir, et la perspective de repasser ce marais n'était pas rose pourtant.

Le 24, j'ai donc fait demi-tour.

Le 25, un jour de repos pour les hommes, et le 26, nous retournions sur nos pas.

J'avais fabriqué un aviron de queue, en guise de gouvernail, une voile avec deux couvertures; le vent nous aiderait au moins à remonter le courant. Je compris alors que le confluent, où nous avions été crevés par l'hippopotame, était celui du Bahr-el-Arab.

Un peu avant d'y repasser, je tuai un éléphant pour avoir quinze jours de vivres, et à l'Arab, je fis provision de bois puisque je savais ne pas en retrouver avant quinze jours.

Le 9 mars, je rentrais dans les marais du Soueh.

Le 13 mars, j'arrivais au point où le chenal se

rapproche un peu de la rive droite, quand je vois
une pirogue de Djinquis sur le marais. Ils font des
signes. J'arrête et ils me lancent une lettre de
Largeau. Le malheureux est à ma recherche depuis
douze jours, longeant la limite sud de ce marais
qu'il voit sans en connaître ni l'étendue, ni la nature;
il croit que le Soueh coule au milieu et me supplie
de m'arrêter pour l'attendre.

Je lui écris que là où je suis on ne peut me rejoindre, qu'il m'attende à la sortie du marais.

Le 14, à huit heures du soir, mon clairon sonne
l'appel.

« O Largeau, entends sa voix! » s'écrie Landeroin. Il n'a pas terminé sa phrase, qu'un coup de
feu lui répond. C'est Largeau. « Clairon! sonne au
drapeau! » Un nouveau coup de feu répond; Largeau
est tout près! Mais dans quel état il était! Marchant
depuis un jour dans l'eau jusqu'au cou! Il a fallu
que je le prisse avec son convoi dans le boat. Voyez-
vous ça d'ici? cinquante-trois hommes dans le boat?
Nous nous entassons! . . . .

. . . .

J'avais pu repasser à travers le marais sans guide,
avec mon topo; j'étais sûr maintenant de pouvoir
guider la mission. Sorti du marais, j'ai trouvé le
Soueh baissé de un mètre depuis mon passage; des
bancs de sable de cinq, six, huit cents mètres sans
un filet d'eau. Il a fallu lâcher le boat et rentrer à
pied. Et c'est drôle, les promenades au pays Djinqui!

Bref, le 26 mars, j'arrivais ici. On me croyait mort. A l'heure qu'il est, je me demande encore si je n'aurais pas dû continuer! C'est un cauchemar!

Et l'eau monte à peine. Enfin, si à la fin du mois il y en a assez pour les boats, nous filons sans le *Faidherbe*, qui raillera plus tard. Mais arriverons-nous à temps? Ça me semble impossible. Je n'en vis plus.

Nous préparons tout, avec Germain, pour le départ.

Marchand est à Bia, où, vous savez, que notre pauvre Gouly est mort. Ç'a été une grande peine pour nous tous. Mangin est à Ghattos. Dyé aux rapides avec le *Faidherbe*. Largeau a été constater l'existence contestée du Bahr-el-Home. Je vais aller faire un tour sur la route de Ziber; peut-être pousserai-je jusqu'au poste, si j'ai le temps; car il faut être paré à filer d'ici à un mois.

En voilà bien long et pendant ce temps-là je ne travaille pas, les charpentiers, tirailleurs, etc., font peut-être des bourdes. Je m'oublie à raconter mes campagnes, ni plus ni moins qu'un vieux capitaine en retraite. » . . . .

. . . .

Tandis que Baratier marchait à travers l'inconnu, les autres compagnons de Marchand se reposaient et reprenaient les forces dont ils devaient avoir si besoin à la reprise des opérations.

Marchand a peint lui-même cette vie dans la lettre
suivante :

«   .   .   .   .

» La santé est excellente sur toute la ligne. Alors
que nous mourrions de faim entre Banghi et Zemio,
et surtout entre Zemio et Fort-Desaix, et que les
dangers de la famine grandissaient à mes yeux, nous
nageons ici dans l'abondance qui s'attache forcément
à une région dépassant en densité de population celle
de la France.

» En outre, hippopotames, antilopes de toutes
tailles, éléphants, girafes, gibier à plumes, poissons,
pullulent. Nous avons constamment des milliers de
kilos de viande sur les fumoirs.

» Mangin a réuni à Fort-Desaix quinze tonnes de
vivres en quatre jours et un troupeau de bétail de
cent têtes. Nous pourrions en rassembler vingt fois
plus en une semaine, si nous le voulions. Mais
c'est inutile, le pays nous servant de fournisseur
journalier. Bref, nous sommes « d'attaque », et je
pourrais facilement nourrir ici, et jusqu'à Fachoda,
deux mille hommes, si je les avais, hélas! ce qui
ne serait pas trop pour résister aux efforts de quarante mille qui s'avancent par les deux extrémités
du Nil.   .   .   .   .

.   .   .   .

» On ne doute de rien en France, et il faut croire,
tout de même, qu'on doit avoir une dose de confiance

dans les officiers auxquels on confie une tâche de ce calibre.

» C'est inouï... mais flatteur.

» Il est vrai qu'on m'écrit de Paris que, « si » j'ai le malheur d'échouer, je serai vilipendé, » traîné dans la boue et haché menu comme chair » à pâté. »

» Avec ça, c'est complet.... Me voilà bien averti.

» Après cette mission, il ne me restera plus, à mon retour en France, qu'à me confier quatre hommes et un caporal, avec mission de prendre Berlin de vive force, à la baïonnette, sans oublier de reprendre Metz et Strasbourg en passant.

» Il n'y a que chez nous que « l'ordre de faire » beaucoup avec rien » peut être donné sans rire.

» Après tout, on peut toujours mourrir ; on est presque sûr d'avoir une belle cérémonie à la Madeleine, deux ou trois ans après. » . . . .

. . . .

Quand la saison le permît, Marchand dirigea plusieurs excursions. Parmi celles-ci, nous mentionnerons particulièrement celle du lieutenant Gouly, qui devait coûter la vie à cet infortuné officier. Il avait été chargé, avec deux laptots, d'explorer le pays au nord, vers le Bahr-el-Arab, pays riche, bien arrosé, habité, jusqu'à Bahr-el-Home, par une population douce et agricole. Au delà de ce point, le pays change entièrement d'aspect : c'est une savane où la séche-

resse est telle que les hautes herbes cassent sous les
pieds comme casseraient des tiges de verre. Pas un
arbre pour offrir un peu d'ombre ; la terre est entre-
coupée par des lits de rivière desséchée dont les rives
portent quelques gommiers. Combien d'hommes au
milieu de ce désert auraient renoncé à poursuivre
l'objectif de Gouly, qui marchait à la mort sans le
savoir ?

La carte que le lieutenant portait indiquait qu'il
était à peine à une journée de marche du Bahr-el-
Arab. Il continue sa route jusqu'au soir. La nuit
venue, il s'arrêta, fit une halte. A l'aube, reprise de
la marche jusqu'à dix heures du matin, où tout alla
bien. A cette heure, la chaleur força les voyageurs à
se reposer. La toile de la tente arrêtait bien les
rayons solaires, mais elle ne tempérait pas la chaleur. La soif se fit sentir. On espéra la calmer le soir,
et quand la température le permit, on se remit en
marche vers une butte de terre où commençaient les
sources du Bahr-el-Arab. On hâta le pas, si bien que
vers six heures on arrivait à cette nouvelle terre pro-
mise. Mais une déception complète attendait les
voyageurs : le lit de la rivière était entièrement à
sec. Une jeune négresse, quatrième membre de l'expédition, s'étant portée en avant, revint toute joyeuse
en apportant un paquet d'herbes épaisses dont elle
porta des fragments à sa bouche et en exprima une
sève qui calme momentanément la soif. On passa la
nuit sur ce point et on leva le camp pour regagner le

UN CONVOI DE RAVITAILLEMENT

fort Desaix. La route fut encore plus pénible au retour, la soif n'ayant pas été calmée. En quatre jours, les voyageurs atteignirent Bia, où ils rencontrèrent Marchand qui, inquiet de leur absence prolongée, s'était porté à leur rencontre avec de l'eau, des vivres et de la quinine. Malheureusement Gouly était marqué par la mort. Il tomba foudroyé ; en même temps que lui succombait la petite négresse.

Ce fut un deuil général auquel on trouva une atténuation par le retour de Baratier.

Quand Baratier eût fait connaître en détail sa mission, Marchand fixa le départ du fort Desaix au 28 mai. Dès le 15, il régla ce départ : les embarcations à faible tirant d'eau devaient transporter la mission ; le *Faidherbe* resterait en arrière avec le capitaine Germain.

Après douze jours d'une navigation pénible, la mission atteignît le lac No et le Nil Blanc. Cinq jours plus tard, le 10 juin, apparurent, dans le lointain, des maisons blanches au-dessus desquelles se profilent des toits en balcon : c'est Fachoda, qui veut dire « succès par l'action. »

La flottille fut accueillie par des cris de stupeur ; le vide se fit rapidement dans les rues, car tous les habitants s'enfermèrent chez eux. Le cheik Ra-Moeh, vassal du Madhi, qui avait avec lui 50.000 derviches dans les plaines de Khartoum-Ondourmann, revêtit ses plus beaux vêtements ; suivi de plusieurs domestiques porteurs de corbeilles de fruits et de rafraî-

chissements, il vint au-devant de Marchand, alors
très anxieux de ne pas avoir trouvé la mission Dji-
bouti-Nil, qu'il ne devait pas voir puisque M. Bonchamps s'était trouvé dans la nécessité de la ramener
en France.

Marchand reçut Ra-Moeh fort courtoisement ; il
lui révéla le but de sa mission ; après cet entretien,
le cheik distribua ses provisions aux soldats de l'expédition.

CHAPITRE VI

Fachoda.

Les habitants de Fachoda avaient suivi d'aussi près que possible la réception du cheik Ra-Moeh dans le camp français. Cette réception leur rendit confiance, et au moment où la mission Congo-Nil pénétra dans les rues, elle fut chaleureusement accueillie et traitée en amis sur la promesse de Marchand de payer toutes les dépenses faites pour la nourriture des hommes.

Une perche fut dressée sur les ruines de l'ancienne moudiriek égyptienne, et le drapeau tricolore y fut hissé en présence de la troupe sous les armes et des indigènes. Marchand fut retenu à déjeuner par le cheik.

C'était le baiser de Judas que le chef de la mission recevait.

Quand Marchand se fut levé de table, le cheik dépêcha un messager au Madhi, tandis que l'agent libre

anglais de Gaba-Schambé espionnait les faits et gestes
des Français, qu'il a consignés dans le rapport suivant :

«   .   .   .   .

Marchand, très prudent, a fait venir les deux capitaines sur l'un des chalands amarrés le long de la
berge. Je les ai vus monter en bateau. Mais il m'eût
été impossible d'entendre.

Par bonheur, j'ai à bord du chaland, un indigène
Toumbou, un porteur qui s'est enrôlé sur le Haut-
Soueh, à l'instigation de l'honorable Twain, (1) et
dont les renseignements nous ont rendu de grands
services. Etendu au fond du chaland, il affectait de
dormir.

Voici ce qu'il m'a rapporté.

Le commandant Marchand a dit à ses capitaines
Mangin et Baratier :

— Messieurs, notre situation est celle-ci : nous
avons au Nord, en face de nous, une armée anglaise,
forte d'environ vingt-cinq mille hommes, plus une
armée mahdiste qui compte deux fois plus de soldats. D'autre part, les renforts que l'on a dû nous
expédier de Djibouti ne sont pas arrivés.

» Il y aurait donc deux choses à faire. Remonter le
Nil jusqu'à la rivière Sobat et s'informer auprès des
tribus riveraines si elles n'ont pas entendu parler
d'une troupe d'Européens venant de l'Est.

(1) Autre agent anglais.

» C'est vous, Baratier, qui devez vous charger de ce soin.

» Pendant ce temps, Mangin et moi, nous établirons quelques retranchements autour de Fachoda, afin d'être prêts à toute éventualité.

» N'avez-vous aucune observation à présenter?

Les deux capitaines ont répondu :

— Non, aucune. C'est bien vu.

Le conseil était terminé.

Les officiers sont alors revenus sur le rivage. Blotti dans un champ de maïs, je les suis des yeux. Ils se dirigent vers les anciennes fortifications égyptiennes. Est-ce qu'ils voudraient les remettre en état? Ce serait fâcheux, car, s'ils ne sont pas en nombre suffisant pour résister à notre armée, ils peuvent, une fois retranchés, tenir longtemps et nous tuer du monde.

C'est une troupe d'élite. Nos régiments noirs ne leur sont à aucun point de vue comparables. En abandonnant aux Français la plus large part des bassins du Niger et du Sénégal, je crois que l'on a eu tort. On leur a donné ainsi les meilleurs territoires de recrutement de toute l'Afrique. C'est un danger pour l'avenir. Notre diplomatie doit tout faire, à mon avis, pour empêcher la constitution de l'armée coloniale française.

Marchand et Mangin parcourent les retranchements. Ils discutent. Je n'ai malheureusement pas d'oreilles dans leur voisinage.

Evidemment ils se préoccupent de mettre la ville en état de défense.

Si l'on pouvait aviser le Madhi et lui persuader d'envoyer quelques milliers de ses hommes contre Fachoda, cela ferait une heureuse diversion en notre faveur. . . . .

. . . .

J'ai pu, à la faveur de mon déguisement chillouk, pénétrer dans la ville.

Une vieille femme, de la secte bakel, me cache chez elle. Elle me croit un espion du khalife d'Ondourmann. Vénérant le mahdi, elle m'obéit aveuglément.

Baratier partira après-demain, le 14 juillet ; il explorera le Sobat, afin d'avoir des nouvelles de la mission Djibouti-Fachoda.

Bon voyage. Je pense qu'il rapportera du découragement pour tout le monde.

13 juillet.— Je ne m'étais pas trompé, ils fortifient, Fachoda.

Etonnants, vraiment leurs soldats. Arrivés le 11 après des fatigues extraordinaires, ils creusent, bêchent, fouillent la terre comme des troupes fraîches, après vingt-quatre heures de repos. L'Angleterre regrettera le Niger, cela est certain.

14 juillet. — Baratier parti avec pirogues ce matin.

Il n'est pas grand, il ne représente pas la force, selon notre idéal à nous, Anglais.

Etrange chose, ces hommes petits de France qui ont une énergie surhumaine. C'est cette race petite dont il faut se défier.

Souvenons-nous que Bonaparte aussi était de taille exiguë. . . . .

. . . .

Les soldats du commandant Marchand travaillent avec acharnement. Ils établissent un bastion, avec casemate blindée. Cela est pénible de voir avancer les travaux dirigés contre nous.

J'espère pourtant que les renseignements que rapportera Baratier engageront nos bons amis à la prudence. Je n'en suis pas sûr, malheureusement, car ces gens ont la folie de la bataille. Le mieux serait de lancer le mahdi sur eux. Ils s'entredétruiraient, et plus ils se feraient de mal, plus nous aurions le cœur à la gaieté.

19 juillet. — Cela tient du prodige. L'enceinte est remise en état.

Des fractions de tirailleurs se sont répandues dans la plaine en avant des retranchements. Elles creusent des tranchées en arc de cercle, menaçant à la fois le fleuve et la campagne. Si cela continue, la place va devenir très forte.

20 juillet. — Un renfort pour les Français.

Des pirogues et des chalands, laissés en arrière, à cause de la difficulté de leur faire traverser les marais du Bahr-el-Ghazal, viennent d'arriver. C'est une cinquantaine d'hommes de plus. Cinquante fusils de renfort. Et des fusils à tir rapide. Cela est vraiment très fâcheux. . . . .

. . . .

A signaler : les populations chilloukes, à de très rares exceptions près, manifestent une sympathie marquée pour les Français. Encouragés par la présence des tirailleurs, les habitants de Fachoda ne craignent pas de dire qu'ils espèrent que les Anglais mangeront le khalife et qu'ils mourront d'indigestion. Toute la région est animée du plus mauvais esprit. . . . .

. . . .

Pour finir, une bonne nouvelle.

Le cheik Ra-Moeh a envoyé un émissaire au Mahdi ; je viens de l'apprendre à l'instant par ma vieille hôtesse, dont le fils est au service du cheik. Ce fonctionnaire fait bonne mine à Marchand, mais il attend de jour en jour la venue des troupes du Khalifat. A noter.

24 juillet. — Baratier revient.

Comment a-t-il pu recueillir si vite les renseignements qu'il est allé chercher. Il n'a pas eu assez de temps pour atteindre la rivière Sobat et revenir ? .

. . . .

Mon hôtesse m'a ménagé une entrevue avec le cheik Ra-Moeh. J'ai tout appris. Décidément, ce magistrat est tout acquis à notre cause. Cela tient sans doute au faible effectif de la troupe Marchand. Il m'a répété à plusieurs reprises :

— Que faire avec si peu d'hommes. Il parle de protéger ma ville; il ne pourrait se protéger lui-même.

Bref, en le poussant un peu, il m'a tout raconté.

Baratier n'a pas poussé jusqu'au Sobat. Il a tout simplement abordé sur la rive droite du Nil et effectué une reconnaissance dans les terres. Il a appris ainsi que la mission de Bonchamps avait battu en retraite vers l'Abyssinie.

Les révoltes des Ras dans cette contrée ont été créées avec un rare à-propos. Sans elles, nous aurions aujourd'hui une armée noire sur le Nil. Et ce Marchand paraît un officier capable, qui lui aurait fait prendre les meilleures dispositions.

Baratier était furieux. Marchand a baissé la tête, un peu pâle, mais il n'a pas prononcé une parole. Le soir, il a dîné avec le cheik. Il semblait avoir repris son calme habituel. Et comme Ra-Moeh, qui est curieux, lui demandait :

— Es-tu content de la reconnaissance de ton ami, le chef Baratier?

Il lui a répondu tranquillement :

— Non, car des renforts que j'attendais de l'est ne viendront pas me rejoindre.

— Ah! a repris le cheik; alors, si les soldats du Khalife ou les Igli arrivaient ici, tu ne me protégerais pas contre eux et tu battrais en retraite.

Le commandant lui a lancé un regard dont il a été très effrayé :

— Je ne battrai pas en retraite, dit-il. Depuis trois ans, je marche sans cesse en avant, je continuerai, car, aussi bien, je ne saurais plus reculer.

— Cependant, que pourras-tu faire avec tes 200 hommes, si tes ennemis ont des milliers et des milliers de guerriers.

— Je puis mourir avec tous les miens.

Et, se levant brusquement, l'officier saisit le cheik par le poignet, l'entraîna jusqu'à une fenêtre, d'où l'on découvre le drapeau français, placé sur le vieux moudiriek.

— Tu vois ce drapeau, fit-il d'une voix dure.

— Oui, répliqua Ra-Moeh plus mort que vif.

— Eh bien! souviens-toi. Quand il tombera, tu pourras jurer qu'aucun de mes tirailleurs, aucun de mes officiers et sous-officiers n'est vivant.

C'est une tête de fer, cet homme-là. Combien des nôtres périront victimes de son obstination.

Je cherche le moyen de soulever la population. Cela ferait une bonne diversion au moment d'une attaque de front . . . .

. . . .

Obligé de rentrer précipitamment à Gaba-Schambé.

Ma présence ici a été signalée. Comment? Par qui? Je ne sais pas. Mais le fils de mon hôtesse est venu m'avertir.

On devait m'arrêter cette nuit. Je vais quitter la ville. Ma pirogue est cachée dans les roseaux à deux milles au sud.

Écrirai à Luckow de tâcher de venir me remplacer ici.   .   .   .   .

.   .   .   .

Marchand se préoccupa immédiatement de fortifier sa position et d'assurer la nourriture de ses hommes. Pour cette dernière, il créa des jardins. Des communications régulières furent établies avec Meschra-el-Reck, les postes du Soueh et du M'Bomou; il signa des traités avec les tribus chilloukes.

Le 25 août, vers deux heures du matin, Marchand fut réveillé par l'irruption subite d'un Sénégalais dans sa tente.

Cet homme avait obtenu la permission du capitaine Baratier de suivre la rivière jusqu'à cinquante kilomètres. Au point terminus de son excursion, le tirailleur avait remarqué que des canonnières et des chalands circulaient sur la rivière. Il prévint son chef de ce fait.

Marchand fit réveiller son état-major, et un conseil de guerre fut tenu sur-le-champ. On décida de donner l'alarme dans le camp, de faire occuper les ouvrages de défense, tandis que des éclaireurs se porteraient en avant.

Vers midi, une fumée s'éleva au-dessus de la rivière. C'étaient deux canonnières le *Sofia* et le *Tefhrich* remorquant plusieurs chalands. A deux kilomètres de Fachoda, la flottille s'arrêta, un canot s'en détacha, portant un drapeau blanc à l'avant.

Alors Marchand envoya le capitaine Mangin à 200
mètres du dernier retranchement pour recevoir le
parlementaire. Celui-ci était un bey de l'armée du
khalife; après que Mangin lui eût bandé les yeux, il
lui prit le bras et l'amena sous un palmier où se
tenait Marchand. On échangea les politesses d'usage,
après quoi le parlementaire déclara que le khalife
demandait l'abandon de Fachoda parce que l'occupation de ce point le coupait de son centre d'appro-
visionnement, de Gaba-Schambé. Marchand refusa;
le parlementaire fut reconduit par Mangin jusqu'à
son canot.

Un quart d'heure après que le canot eût abordé
le *Sofia,* un coup de canon retentit; un obus vint
éclater sur la gauche du retranchement, sans
atteindre personne, fort heureusement. La canon-
nade continua pendant que les canots mettaient des
troupes à terre. Ce débarquement fut arrêté par une
vive fusillade qui contint l'élan des troupes ennemies. Alors elles changèrent leur objectif et prirent
Fachoda pour leur but. Quatre chalands furent attachés aux deux canonnières, et se dirigèrent sur
Fachoda, qui fut couvert en peu d'instants des pro-
jectilles de l'artillerie et ceux d'une vigoureuse
fusillade.

Marchand contrecarra cette attaque par un sub-
terfuge, devenu aujourd'hui classique, et qui réussit
toujours lorsqu'il est confié à des braves.

Marchand envoya le sergent Bernard et huit

tirailleurs dans un champ de maïs; en même temps il prit des dispositions nouvelles pour le gros. La fusillade de l'ennemi continua, de plus en plus vigoureuse : cinq tirailleurs sont blessés successivement. Mais on ne tire pas du côté de la défense, car Marchand a donné l'ordre de ne faire feu qu'au commandement du sifflet. Celui-ci résonne enfin, et deux cents balles viennent s'abattre en éventail sur les troupes du marabout Adler; les flancs des chalands en tôle sont traversés et bientôt la panique s'empare des troupes qui se croyaient à l'abri derrière la coque des bateaux. De l'autre côté, Bernard et ses huit hommes tiennent en échec les troupes débarquées.

La flottille continue toujours sa marche. Alors Marchand fait appel à cinquante volontaires, et à leur tête traverse Fachoda au pas de course; d'un feu nourri, il contient l'élan des canonnières qui, après un instant de stoppage, se replient en arrière poursuivies par le détachement que commande Marchand. Pendant l'opération de ces volontaires, Mangin avait disposé ses hommes dans les maisons voisines du fleuve d'où il dirige aussi une vive fusillade. Un projectile tombe dans la machinerie du *Sofia* qui est immobilisé. Le *Tefhrich* se porte à son secours, mais le peu de vitesse qu'il développe en fait une excellente cible contre laquelle tout le feu est vigoureusement dirigé. Alors les derviches veulent se soustraire à nos balles en cherchant un abri où ils peuvent, s'entretuant dans la mêlée du *sauve qui peut*. Les troupes ennemies débarquées essaient de rejoindre la flottille, poursuivies dans leur retraite par les feux de salve du détachement Bernard.

A cinq heures, le combat était terminé ; l'ennemi avait disparu. Les habitants de Fachoda sortirent de chez eux et vinrent féliciter les Français, et leur apportèrent des rafraîchissements et des pâtisseries.

Le même soir, alors que Marchand se reposait sous sa tente, un cavalier nomade lui apporta un pli. Le sultan Fadel, chef général des tribus Chillouks et suzerain du Ra-Moeh, annonçait qu'il se rendrait à Fachoda le lendemain, et y signerait un traité d'alliance et d'amitié avec la France.

Il tint parole. A l'heure fixée, deux cents cavaliers armés de lances entraient dans Fachoda, accompagnant le sultan Fadel. Après l'échange des politesses d'usage, le traité d'amitié fut signé.

Le 29 août, Germain amenait le *Faidherbe* et les chalands. Il arrivait à point pour réapprovisionner la colonne en munitions.

A quel prix Germain était-il sorti des difficultés sans nombre qui se dressèrent sur son chemin ? Lui-même l'a raconté dans une lettre à un de ses amis, à laquelle nous empruntons les lignes suivantes :

« Nous avons mis, dit-il, vingt-deux jours pour traverser trente kilomètres de marais, un océan d'herbes et de boue ; vingt-deux jours, pendant lesquels il est tombé dix-neuf tornades, vingt-deux jours que moi et mes tirailleurs nous avons passés dans la vase jusqu'aux épaules, piqués par les fourmis rouges, mordus au sang par les sangsues, enlevant à pleins bras la vase putride et les herbes accumulées dans le chenal. Un travail de Romains! La nuit, couchant empilés dans les pirogues, littéralement dévorés par des moustiques géants et transis de froid sous les violentes tornades.

» C'est miracle que le *Faidherbe* soit sorti de là. L'émotion causée par notre arrivée est indescriptible. Ce n'est pas de la joie, c'est du délire, c'est de la folie! » . . . .

. . . .

CHAPITRE VII

Abandon de Fachoda.

Après ces succès acquis au prix de tant de fatigues
et de périls, les membres de la mission étaient en
droit d'aspirer à un peu de repos. Mais on avait
compté sans l'Angleterre qui était là, poursuivant
le rêve qu'elle caresse depuis si longtemps : la
liaison de sa colonie du Cap avec l'Egypte. Pour
cela une armée, sous les ordres du sirdar Kitchener,
occupait Khartoum. C'est là que Kitchener apprit
par l'agent libre anglais Doves l'occupation de
Fachoda par Marchand.

Il fallait à tout prix reprendre ce pays entre les
mains des Français. A la fin d'août, les troupes
anglaises se mirent en marche; le 2 septembre,
elles étaient en présence des masses madhistes
qu'elles écrasèrent au *charnier d'Ondourmann ;* de là,
elles portèrent leurs coups contre la flottille des

Derviches avec laquelle Marchand avait eu maille à partir. C'est pour cette raison qu'à la suite du succès que Kitchener remporta le 15 septembre, à Rentch, il écrivit, dans son rapport : « *Cette action a sauvé la vie de Marchand et de tous ceux qui l'accompagnaient !* »

Le chef de la mission Congo-Nil connut ces événements et la marche en avant des Anglais par quarante-un coureurs qui lui furent dépêchés, le 17 septembre, de quarante-un villages. Le message de chaque village était identique : Marchand était prié de se replier devant les forces anglaises, s'il ne voulait avoir le sort des Madhistes. Il répondit à ces messages :

— Nous pouvons mourir, nous ; mais notre drapeau est celui d'un grand pays qui nous vengera si nous succombons.

Ra-Moeh avait simplement trahi Marchand. Jugeant son œuvre incomplète, il la compléta sur-le-champ. Il quitta Fachoda, précédé de quatre cavaliers, et se rendit à Babiou où la flottille anglaise venait d'arriver. Ra-Moeh eût une conférence avec le sirdar, après quoi il revint à Fachoda, où Marchand poursuivait sans trêve ses travaux de fortification.

Le 19 septembre, le commandant venait de passer son inspection habituelle. En arrivant devant sa tente, il se trouva en face d'un officier anglais qui lui remit la lettre suivante écrite par le sirdar Kitchener :

« J'ai l'honneur de vous informer que, le 2 septembre, j'ai attaqué le khalife à Ondourmann et, ayant détruit son armée, j'ai réoccupé le pays.

» Peu après, j'ai quitté Ondourmann avec une flottille de cinq canonnières et une force considérable de troupes anglaises et égyptiennes pour me rendre à Fachoda.

» En route, à Rentch, j'ai rencontré les Derviches, je les ai attaqués et, après un combat léger, je me suis emparé de leur campement et de leurs bateaux.

» L'émir en chef a été fait prisonnier.

» Il m'a confirmé que, conformément aux ordres du khalife, il était allé dernièrement à Fachoda pour chercher du blé et que là il y a eu un combat entre ses gens et des Européens quelconques, ensuite il était revenu à Rentch d'où il avait envoyé chercher des renforts à Ondourmann, avec l'intention de chasser les Européens de Fachoda.

» Pendant qu'il attendait leur arrivée, nous l'avons attaqué. Considérant comme probable la nouvelle de la présence des Européens à Fachoda, j'ai cru de mon devoir de vous écrire cette lettre pour vous prévenir des événements qui ont eu lieu dernièrement et vous informer de ma prochaine arrivée à Fachoda. »

Un conseil de guerre fut réuni sur-le-champ et décida que la réponse suivante serait envoyée le 19 au sirdar :

« Mon Général,

» J'ai l'honneur de vous accuser réception de votre honorée, datée de Bahiou, le 18 septembre.

» J'ai appris avec le plus vif plaisir l'occupation d'Ondourmann par l'armée anglo-égyptienne, la destruction des bandes du Khalifat et la disparition définitive du madhisme dans la vallée du Nil. Je serai, sans doute, le premier à présenter mes bien sincères félicitations françaises au général Kitchener, dont le nom incarne depuis tant d'années la lutte de la civilisation aujourd'hui victorieuse contre le fanatisme sauvage des partisans du madhi.

» Permettez-moi donc, mon général, de vous les présenter respectueusement, pour vous d'abord et pour la vaillante armée que vous commandez.

» Ce devoir bien agréable rempli, je crois devoir vous informer que, par ordre de mon gouvernement, j'ai occupé le Bahr-el-Ghazal jusqu'à Meschra-el-Reck et au confluent du Bahr-el-Dgebel, puis le pays chillouk, de la rive gauche du Nil-Blanc jusqu'à Fachoda, où je suis entré le 10 juillet dernier.

» Le 25 août, j'ai été attaqué dans Fachoda par une expédition derviche, composée de deux vapeurs que je crois être le *Chilien* et le *Kao-Kao*, montés par 1,200 hommes environ, avec de l'artillerie. Le combat, engagé à six heures quarante du matin, s'est terminé à cinq heures du soir par la fuite des deux vapeurs que le courant sauva, avec ce qui restait de monde à bord. La plupart des grands chalands remorqués furent coulés, et le *Chilien* fortement avarié.

» A la suite de cette affaire, dont la première conséquence comportait la libération du pays chillouk, j'ai signé avec le sultan, le 3 septembre, un traité plaçant le pays chillouk de la rive gauche du Nil-Blanc sous le protectorat de la France, sauf ratification par mon gouvernement.

» J'ai envoyé expédition du traité en Europe, d'abord par la voie du Sobat et de l'Abyssinie, puis par le Bahr-el-Ghazal et Meschra-el-Reck, où mon vapeur *le Faidherbe* se trouve actuellement, avec l'ordre de m'apporter des renforts que je jugeais nécessaires pour défendre Fachoda contre une seconde attaque de Derviches, plus forte que la première, et que j'attendais vers le 25 courant. Votre arrivée l'a empêchée.

» Je vous présente donc mes souhaits de bienvenue dans le Haut-Nil, et prends bonne note de votre intention de venir à Fachoda, où je serai heureux de vous saluer au nom de la France. »

A la réception de cette lettre, le sirdar ordonna à la flottille de se porter en avant; elle vint se mettre à l'ancre en aval de Fachoda. Marchand, accompagné de Germain, descendit jusqu'au rivage où une embarcation anglaise le prit à bord et le conduisit

auprès du *Fatah* sur lequel flotte le pavillon du
sirdar.

Le général Kitchener vint recevoir Marchand. Un
entretien très cordial eût lieu au cours duquel, à
plusieurs reprises, le général anglais exprima l'admiration qu'il ressentait pour l'œuvre accomplie par
Marchand. Mais bientôt le ton de la conversation
changea ; à la note amicale succédèrent des protestations contre la présence des troupes françaises sur
le Nil ; que lui Kitchener avait ordre de considérer
cette présence comme une violation du territoire
anglais, que dès lors l'évacuation s'imposait.

Marchand insista pour conserver sa conquête
jusqu'à la réception des instructions qu'il demanda
à Paris, verbalement, par l'entremise du capitaine
Baratier qui partît sur-le-champ pour la métropole.
Le sirdar consentît à attendre le retour de l'envoyé ;
mais il exigea que le drapeau anglais fut arboré
sur un bastion en ruines, au sud des vieilles fortifications, à 500 mètres du mouriek sur lequel flottait
le drapeau français.

Cette cérémonie eût lieu avec tout l'appareil militaire possible : les troupes furent rassemblées sous
les armes ; vingt et un coups de canon furent tirés.
Le major Jackson fut nommé gouverneur de
Fachoda ; la ville fut occupée par un bataillon d'infanterie, quatre canons, une canonnière fut ancrée à
proximité. Cette garnison anglaise constituée, les
autres troupes se rembarquèrent avec le sirdar, qui

adressa immédiatement à Marchand une protesta-
tion écrite au nom de l'Égypte et de l'Angleterre;
qu'à partir de ce jour, 19 septembre, « le gouvernement de ce pays était formellement repris par
l'Égypte. » La flottille remonta la rivière; le 20
septembre, elle s'arrêta au confluent du Sobat avec
le Nil-Blanc, où fut arboré le drapeau égyptien, un
fortin fut élevé et occupé par un demi-bataillon d'infanterie avec des canons Maxim; une canonnière
mouilla en face de l'ouvrage. De là le sirdar se
porta dans le Bahr-el-Ghazal, coupant ainsi la ligne
de ravitaillement de la mission et frappant d'inter-
diction de circuler sur le Nil tout transport ne
portant pas le pavillon anglais. Alors l'Anglais
répandit à loisir le bruit en Europe que Marchand
était à la veille de manquer de vivres, et pour
donner plus de crédit à son affirmation, en même
temps aussi pour créer un courant d'opinions en
France en faveur de l'Angleterre, il envoya une
caisse de vin à Marchand.

Le commandant ne voulut pas rester débiteur du
sirdar. Au moment où l'Anglais repassa à Fachoda,
venant du Bahr-el-Ghazal, Marchand lui envoya une
gerbe de fleurs et une provision de légumes frais,
produits des jardins de la mission.

Kitchener avait saisi son gouvernement des faits
que nous connaissons. L'Angleterre fidèle encore
une fois à son mot d'ordre : pas de Français dans
le bassin nilotique, saisit l'ambassadeur français à

INFANTERIE ABYSSINE

Londres de l'incident de Fachoda. Un moment on crut la guerre inévitable entre les deux pays. Les deux ministères des affaires étrangères de Paris et de Londres s'entendirent à différer toute solution à l'affaire jusqu'à l'arrivée du rapport Marchand.

Par une coïncidence fort étrange, Baratier, porteur du rapport, fut ramené en Europe par le *Sénégal*, le même navire qui ramenait aussi le sirdar. Les deux hommes se reconnurent, et voici l'entretien qu'ils eurent à bord, pendant la traversée, et que rapporte la femme d'un fonctionnaire indo-chinois, également à bord du *Sénégal* :

— Monsieur le capitaine Baratier, je crois, a dit le sirdar.

— Lui-même, mon général.

— Je suis plus heureux de vous voir ici qu'à Fachoda, car nous ne sommes plus adversaires et je puis, sans arrière-pensée, vous déclarer l'admiration que j'éprouve pour la mission Marchand et pour vous-même.

Le capitaine s'est mis à rire.

— Bon! mon général, vous m'embarrassez.

— En quoi?

— En ceci : si je ne vous félicite pas de votre victoire d'Ondourmann, j'agirai en mal appris, et si je vous félicite, après vos compliments, j'aurai l'air d'un monsieur qui passe le séné en échange de la rhubarbe.

Tout le monde a ri, et moi plus que les autres.

C'était si drôle cette façon de ne pas féliciter cet affreux Anglais qui nous ennuie à Fachoda. D'autant plus que nous devrons céder, j'en ai bien peur. C'est peut-être parce que je suis la fille d'un officier, mais cela m'horripile d'être obligé de céder. Mais abattre notre drapeau !...

Ah ! si j'étais un homme, quel bon petit soldat je ferais. Enfin, le ciel en a décidé autrement.

Donc, le sirdar qui n'avait pas compris la plaisanterie — les Anglais ça ne comprend rien, — reprend d'un air aimable :

— Et vous allez à Paris, capitaine ?

— Comme vous à Londres, mon général.

— Vous êtes en congé ?

— Non, mon général, en mission.

— Ah !

— Oui, je porte à mon gouvernement le rapport du commandant Marchand.

— Oh ! oh !

— Ce sont des éléments de discussion diplomatique que vous emportez là ?

— Je le crois, mon général.

— Pensez-vous donc que la France songe à maintenir l'occupation de Fachoda ?

— Ma foi, mon général, je ne sais à quoi songe la France, mais je puis vous affirmer que si cela ne dépendait que de moi, un seul drapeau flotterait sur la ville... le mien.

Du coup, le sirdar s'est rendu compte qu'il s'était

engagé dans une mauvaise voie et il a détourné la conversation.

— Vous serez bien reçu en France?

— N'ayant rien fait de mal, je suis en droit de l'espérer.

— C'est juste. Mais le commandant Marchand, vous-même serez récompensés.

— Nous le sommes.

— Comment cela?

Le capitaine montra sa boutonnière.

— Oui, oui, fit lentement l'Anglais, une décoration... certainement c'est agréable; mais il est bon aussi d'être à l'abri du besoin. Je pense que vous obtiendrez une grosse somme d'argent.

— Une somme d'argent?

— Oui, en Angleterre, cela ne manque jamais. Ainsi, à la nouvelle de la victoire d'Ondourmann, la reine m'a conféré le titre de lord et m'a accrédité sur le trésor d'une somme de 750.000 francs.

Et, Baratier le considérant avec une expression inexprimable, il ajouta :

— Et vous?

— Moi, répondit le capitaine, si l'on m'offrait de l'argent, je refuserais et tous mes chefs refuseraient comme moi. Notre mission n'avait rien de commercial, elle n'a pas besoin de rapporter de gros dividendes.

Baratier, en débarquant en France, fut l'objet d'une réception enthousiaste, prélude de celle qui devait accueillir Marchand et sa mission quelques mois après.

Le séjour du capitaine à Paris fut très court; en dehors de sa mission, il eût à peine le temps d'embrasser sa mère. Le 4 novembre, il rembarquait à Marseille, porteur de l'ordre d'évacuer Fachoda.

Marchand avait quitté ce point, laissant le commandement des troupes aux capitaines Mangin et Germain; à bord du *Faidherbe,* il avait gagné le Caire. Partout sur son passage, à Ondourmann, à Berber et à Atbara, il fut chaleureusement accueilli, même par les officiers anglais. Il quitta le *Faidherbe* à Atbara et gagna le Caire par la voie ferrée. C'est là qu'une après-midi, entre deux étreintes angoissées, Baratier apprit à Marchand la décision du gouvernement.

Le lendemain, les deux officiers prenaient le train pour Atbara où ils montèrent à bord du *Faidherbe* qui les ramena à Fachoda, le 5 décembre. Cinq jours plus tard, tout était prêt pour le départ. Le 12, sept tirailleurs malades, — l'un d'eux mourut à Ondermann, — l'adjudant de Prat et le sergent Bernard gagnèrent le Caire, Alexandrie et la France par la voie la plus rapide, tandis que la mission entière prenait passage à bord du *Faidherbe* et des autres chalands.

La veille du départ, le gouverneur Jackson avait demandé à Marchand à faire rendre les honneurs au drapeau français par les troupes anglaises. Le commandant répondit au crayon, sur la demande même du gouverneur :

« Je vous remercie de votre courtoisie, le deuil s'accorde mal avec les manifestations bruyantes. »

A six heures du matin, le vapeur fut sous pression. On procéda aux derniers préparatifs et on enleva le drapeau français qui flottait sur Fachoda. A huit heures la sirène du *Faidherbe* donna le signal du départ. La mission Congo-Nil vogua vers la France, soulevant sur son passage d'unanimes sympathies ainsi qu'en témoigne le récit suivant fait par l'un des officiers :

« Le 20 décembre, le *Faidherde* s'engage dans le Bara ; le bois est rare, la navigation est difficile : des bancs, du sable, des seuils rocheux ; on talonne à chaque instant. Toute la journée du 6 janvier est employée à aveugler une voie d'eau ; l'arrière du *Faidherbe* a donné sur une roche ; nouvelle avarie le lendemain. Le bateau marche encore une heure ou deux ; mais le fleuve devient impraticable ; l'eau est basse et les rapides par trop nombreux. Marchand se décide à abandonner ses embarcations et à gagner par terre la frontière d'Éthiopie.

» On parlemente avec le chef des Yambas, Ouriette ; ce chef a déjà reçu des cadeaux de la mission de Bonchamps ; il connaît la générosité des blancs et espère tout d'une caravane si bien approvisionnée. Il fournit des porteurs. On lui confie la flottille : le

vapeur, les chalands, les baleinières ; il doit sur-
veiller tout particulièrement le vieux serviteur, le
Faidherbe.

» La mission, avançant péniblement sur la rive
droite du Bara, arrive, le 23 janvier, au pied des
contreforts éthiopiens qui dominent les terres basses,
les vallées de la Djouba et du Bara. Le 24 au soir,
Marchand entre à Bouré, le premier poste abyssin
qui garde la plaine. La colonne avait marché pro-
digieusement vite, si vite que les docteurs français
de Couvalette et Chabaneix, qui faisaient de rudes
étapes depuis trente-cinq jours, arrivent juste à
temps pour recevoir le commandant. On s'embrasse,
on se félicite, et l'émotion étreint tous les cœurs en
songeant à ce qu'on laisse derrière soi, après avoir
tant souffert pour le conquérir !

» La mission a passé une quinzaine de jours à
Bouré pour organiser sa caravane, et elle fut reçue
en grande pompe à Gore par Dedjaz Tessamma.
Tous les chefs et tous les guerriers avaient revêtu
leurs costumes d'apparat. Rien ne saurait donner
une idée exacte de la large hospitalité offerte par
le dedjaz éthiopien qui sera bientôt certainement
nommé ras par Ménélik.

» Tous les officiers de la mission se montrent
émus, au souvenir des témoignages d'amitié qui
leur furent si généreusement prodigués. Le commandant Marchand reçut, comme présents, un
magnifique cheval gris-clair tout harnaché d'argent

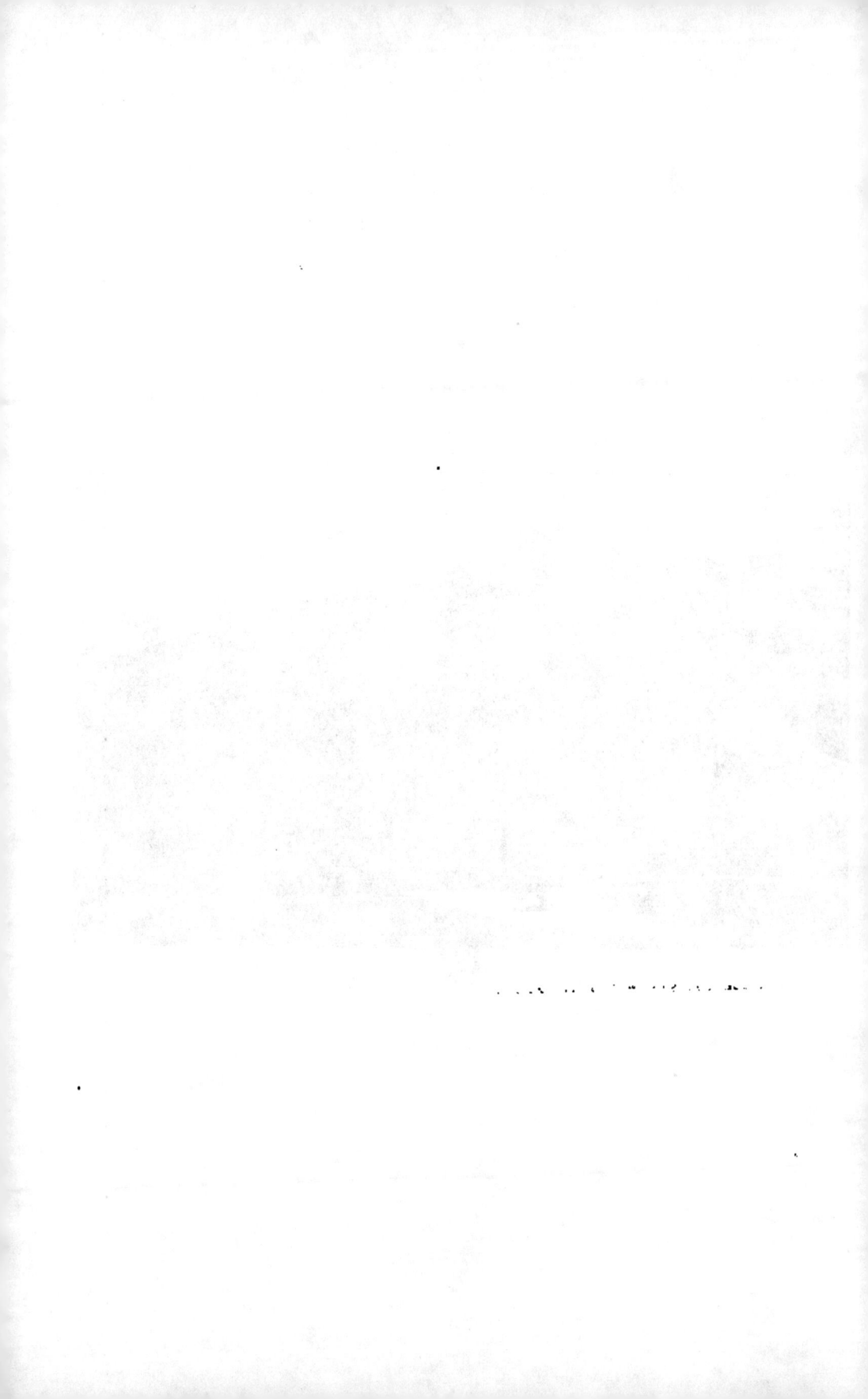

et les insignes du plus haut commandement militaire en Ethiopie, lance d'honneur et le bouclier d'or. Chacun des officiers français reçut deux mules richement harnachées.

» Tessamma offrit également des bêtes de somme pour le transport des bagages.

» Le commandant Marchand donna en échange les canons de la flottille française, ce qui ravit le dedjaz.

» Les vivres offerts par les chefs éthiopiens étaient si abondants, que les troupes de la mission ne parvenaient jamais à les consommer. Sur tout le parcours des territoires placés sous l'autorité de Tessamma, les Français trouvèrent, au bout de chaque étape, des baraquements construits à neuf pour les coucher. Les boissons étaient aussi abondantes que les comestibles, le tetche était versé à discrétion.

» Entre Gore et Addis-Abbaba, la marche de la colonne fut une suite continuelle d'ovations enthousiastes, les dames abyssines étaient les premières à acclamer nos officiers.

» La campagne du Tigré étant terminée et le ras Mangacha Johannes ayant fait sa soumission, le Négus pensait être en sa capitale pour souhaiter la bienvenue et féliciter les braves de Fachoda ; mais l'armée abyssine marche lentement; l'empereur n'était pas rendu, le 10 mars, quand Marchand fit son entrée à Addis. Le gouverneur de la ville, le

vieux Dargué, le ras des ras, oncle de l'empereur,
envoie son armée sur la route pour rendre les
honneurs à la mission. Les Abyssins accourent en
foule et veulent voir les blancs « qui marchent
depuis trois années, » la poignée de Français qui
a battu les Derviches. — Toute la colonie française
est là, notre ministre en tête; sur toutes les figures
on sent la vraie sympathie, la fierté aussi, car on
a le droit d'être fier quand on a pour frères de tels
héros.

» Le ministre salue la mission au nom de la
France; l'émotion redouble quand une toute mi-
gnonne fillette, Yvonne Savouré, chargée d'exprimer
au commandant les sentiments de la colonie, s'a-
vance avec une gerbe de fleurs.... Mais elle a oublié
totalement son compliment et sauve la situation en
sautant au cou de Marchand, qui embrasse Yvonne
et sa mère.

» Puis viennent les présentations : M. Ilg, le
ministre de Ménélik; le général Vlanof, envoyé de
Russie; le capitaine Ciccodicola, ministre d'Italie,
nous souhaitent la bienvenue, et, très courtoisement,
le lieutenant Hanighton, l'agent anglais, présente
aussi ses félicitations à ses camarades de l'armée
française.

» L'empereur ne rentra de l'expédition faite dans
le nord de ses États qu'aux premiers jours d'avril.
Dès le lendemain, Ménélik reçut la mission en
grande cérémonie, l'audience solennelle eût lieu dans

la grande salle du palais, malgré le deuil récent de la cour.

La compagnie des tirailleurs sénégalais manœuvra devant Ménélik aux applaudissements de tous les chefs éthiopiens assistant à cette parade. Le commandant Marchand obtint plusieurs audiences privées.

» Tous les officiers de la mission ont obtenu un grade dans l'ordre impérial d'Éthiopie, selon les règles hiérarchiques habituelles. La mission quitta Addis-Abbaba le 8 avril.

» Au nom de l'empereur, le dedjaz Tessamma avait conféré au commandant Marchand le droit de haute et basse justice sur tous les sujets éthiopiens rencontrés entre Gore et Addis-Abbaba. A Baltohé, à soixante-dix kilomètres de la capitale, Ménélik fit appeler au téléphone le commandant et lui conféra à nouveau les droits souverains qu'il avait reçus du dedjaz.

» La colonne partit du Harrar le 3 mai. Elle se trouvait déjà très loin de la ville, quand le commandant fut avisé que l'empereur Ménélik désirait communiquer avec lui, une dernière fois, par téléphone. Le chef de la mission n'hésita pas à rebrousser chemin et il fit, pendant la nuit, une étape à cheval de soixante-dix kilomètres pour rejoindre ses troupes à Guildessa. Atto-Marcha, chef des douanes éthiopiennes à Guildessa, offrit une escorte d'honneur pour traverser le désert de Dalle-Malle. Il avait réuni une centaine de chameaux pour le transport complémentaire des vivres et des bagages, de manière à ne pas surcharger les mules données par Tessamma. »

La mission fut embarquée au Caire, à bord du *d'Assas*; nous allons la retrouver en France.

CHAPITRE VIII

Sur la terre française.

Réception de Marchand à Toulon, Marseille et à Paris. — Le prix Audiffred. Désintéressement de Marchand.

Le mardi 30 mai 1899, à midi, le d'*Assas* entrait en rade de Toulon. La population est sur les quais attendant fièvreusement le débarquement de Marchand et de ses vaillants compagnons. La foule est calme et digne, mais on sent que tous les cœurs battent à l'unisson, et que c'est bien à une manifestation spontanée que l'on va assister.

A deux heures moins le quart, l'heure du débarquement sonne. Les bateaux de plaisance, les barques et les canots s'agitent autour du d'*Assas*. Marchand est sur le pont en grande tenue de service, ne portant aucune décoration. Il apparaît avec quelques cheveux blancs sur les tempes, le visage quelque peu bruni qui respire la froide énergie, la barbe brune, qu'il porte tout entière, donne encore davantage à sa physionomie cet air d'impassible volonté que l'on connaît à Marchand. Une clameur immense s'élève

autour du croiseur. On crie : « Vive Marchand !
Vive l'armée ! » pendant qu'une musique fait
entendre la *Marseillaise.*

Marchand prend place dans le canot de parade du
préfet maritime, avec les représentants des différents ministères venus pour le saluer. Quelques
instants après, il débarque dans l'arsenal et, de là,
se rend chez l'amiral commandant en chef. Sur le
passage de notre héros, c'est un enthousiasme
indescriptible. C'est à peine si les chevaux peuvent
avancer. Il leur faut près de vingt minutes pour
franchir les 150 mètres qui séparent la porte de
l'arsenal de l'hôtel du préfet, et lorsque Marchand
revient avec le préfet, c'est le même enthousiasme,
la même marche triomphale précédant la cérémonie
militaire imposante à laquelle on va assister :
l'amiral remettant à Marchand la cravate de com-
mandeur de la Légion d'honneur; Marchand faisant
ensuite chevalier du même ordre l'enseigne de vaisseau Dyé.

A trois heures et demie, le cortège sort de l'arsenal. Sur tout le parcours, les fenêtres et les balcons
débordent de curieux. La police et la gendarmerie
frayent difficilement un passage aux tirailleurs de la
mission. La voiture dans laquelle se trouvent Marchand et le maire de Toulon est couverte de fleurs ;
des fleurs pleuvent de toutes les fenêtres. On serre
la main du commandant qui, très ému, remercie en
agitant son képi. Sur tout le parcours on crie :

« Vive Marchand ! Vive les Soudanais ! Vive l'infanterie de marine ! »

Le cortège traverse la foule et arrive péniblement à l'Hôtel de ville, décoré simplement de verdure et de quelques drapeaux. Toutes les délégations, toutes les sociétés, tous les corps élus et les fonctionnaires réunis là acclament les héros de Fachoda et les autres membres de la mission.

Après cette réception à l'Hôtel de ville, le cortège se rend au jardin de la ville, où un vin d'honneur est offert au commandant et à ses compagnons. A la sortie du jardin, Marchand est l'objet d'une nouvelle ovation. La foule se précipite vers le landau. C'est à qui serrera la main du vaillant officier, qui a peine à regagner l'hôtel où il se reposera un instant en attendant le dîner qui lui est offert le soir à la préfecture.

De la préfecture, Marchand s'est rendu au mess des officiers, où ses camarades de l'infanterie et de l'artillerie de marine lui ont fait une brillante réception.

Le lendemain, à midi un quart, l'amiral Fournier a offert un banquet à la mission à bord du *Brennus*. De retour au quai de l'Horloge, des landaus ont emmené Marchand et les officiers de la mission rendre visite au maire, que Marchand prie de remercier, en son nom, la population du chaleureux accueil qu'elle lui a fait. Après une courte station à l'hôtel, les officiers remontent en voiture et se dirigent vers la gare.

L'heure du départ va sonner. Sur le trajet de la place de la Liberté à la gare, Marchand, Baratier et Mangin sont l'objet de nouvelles ovations. L'enthousiasme est général. Les cris de « Vive Marchand! » redoublent ; les chapeaux s'agitent ; les bras se tendent vers Marchand qui, penché à la portière, salue de la tête à plusieurs reprises, visiblement ému. Toulon, qui vient de l'accueillir le premier sur la terre de France, rappelait à Marchand que c'était là aussi qu'il avait revêtu pour la première fois le costume de soldat.

A Marseille, malgré la consigne sévère qui interdit de pénétrer sur les quais de la gare, plus de trois cents personnes ont réussi à passer et entourent les officiers de la garnison massés devant la salle d'attente pour recevoir Marchand ; au dehors, plus de 5,000 personnes se pressent sur la place. Dans les salles d'attente se trouvent des délégations des sociétés d'anciens militaires. L'entrée du train en gare est saluée par un cri formidable de « Vive Marchand! » A sa descente du wagon, le commandant est littéralement enlevé avant que le général Metzinger, commandant le 15ᵐᵉ corps d'armée, et le préfet du Rhône aient pu placer quelques mots de bienvenue. Un dîner a lieu au buffet de la gare pendant les quarante minutes de l'arrêt, après quoi Marchand et ses compagnons gagnent Paris sans autre arrêt.

Le jeudi 2 juin, dès huit heures du matin, les

abords de la gare de Lyon étaient envahis par une foule compacte, et la circulation devenait impossible. A neuf heures un quart le train était en gare. Tout à coup éclate une formidable acclamation : « Vive Marchand! » Le commandant descend de wagon et pénètre dans un local aménagé pour la circonstance, où l'attendent les représentants du ministère de la guerre, de la marine, du gouverneur militaire de Paris, etc., etc. Après les souhaits de bienvenue de plusieurs personnes qualifiées pour la circonstance, le commandant prend place dans la voiture du ministre de la marine, qui disparaît sous les fleurs. Les voitures qui emmènent la mission avancent avec peine parmi des milliers de curieux qui, rompant tous les barrages, ont envahi le hangar d'arrivée et les rues adjacentes. Ce sont des cris toujours renouvelés, des fleurs sans cesse jetées. Dans les rues pavoisées où passe le cortège, l'ovation se continue sans interruption jusqu'au ministère de la marine, où l'enthousiasme est plus grand encore, si possible, qu'à la gare de Lyon. C'est au milieu de cris frénétiques, que la voiture, fleurie et embaumée de tricolore, entre dans la cour du ministère, suivie, à une certaine distance, par les autres voitures du cortège.

Quand le commandant paraît avec le ministre de la marine et plusieurs officiers au balcon du ministère, l'enthousiasme de la foule dépasse vraiment tout ce qu'on peut imaginer. Les manifestants se portent successivement à la statue de Strasbourg que l'on décore de drapeaux jetés du cercle de la rue Royale, puis au ministère de la marine.

Au cours du déjeuner auquel assistait le ministre des colonies, celui-ci a remis au commandant et aux membres de la mission, une médaille commémorative, en or, avec cette mention : *Mission Marchand, de l'Atlantique à la mer Rouge, 1896-1899.*

Vers deux heures, le commandant a reçu une épée d'honneur qui lui a été offerte par les souscripteurs du journal *la Patrie* et par le Syndicat de la Presse militaire. La poignée de cette épée est en or, finement ciselée et émaillée, avec plusieurs attributs — palmiers, crocodiles du Nil, etc., — rappelant l'Afrique centrale, au milieu desquels se détache le nom de Fachoda.

Après le déjeuner, le commandant a été présenté au Président de la République par le ministre de la marine.

Nous ne suivrons pas plus loin le commandant Marchand dans les réceptions dont il fut l'objet : partout on retrouve l'enthousiasme des premières heures.

· A ces témoignages de sympathie si nombreux est venu s'en joindre un autre. Chaque année, l'Académie des sciences morales et politiques décerne un prix de 15,000 francs, connu sous le nom de Prix Audiffred, institué par Madame veuve Audiffred

« pour honorer les plus grands, les plus beaux dévouements, en quelque genre qu'ils soient. »

« Cette fois, c'est encore vers le continent noir, vers cette terre d'Afrique où se heurtent les ambitions, mais aussi où se déploient les courages, que votre commission a porté son attention, et c'est au capitaine, aujourd'hui commandant Marchand, à l'explorateur persévérant et hardi qui a bien mérité tout ensemble du pays et de la science, qu'elle vous propose de décerner le prix (1). »

Par une lettre qui honore son auteur, le commandant Marchand remercia l'Académie de sa générosité :

« Votre illustre Compagnie, dit-il, qui n'a entendu rechercher pour les récompenser que le dévouement à la patrie, si naturel cependant chez un soldat, voudra toutefois permettre à l'humble chef de la mission française de ne pas perdre de vue le but de l'œuvre dans la poursuite de laquelle il rencontra vos consolants suffrages.

» C'est sous l'empire de cette pensée que jaloux seulement de garder pour moi la haute récompense morale dont l'Académie est l'unique dispensatrice, je viens la supplier de consentir à ce que la partie matérielle du Prix Audiffred, les 15,000 francs y attachés, soient transmis en son nom et de ma pleine volonté à la *Ligue maritime française.* »

Ce désintéressement ajoute un titre de plus au

(1) Rapport de M. Félix Rocquain, à l'Académie des Sciences morales et politiques.

commandant Marchand à l'admiration de tous. Les grands cœurs sont capables des plus grands sacrifices. Après avoir offert sa vie à la grande cause de la civilisation, Marchand ouvrait sa bourse à la philanthropie.

Honneur à de tels hommes. Puisse leur exemple trouver des imitateurs.

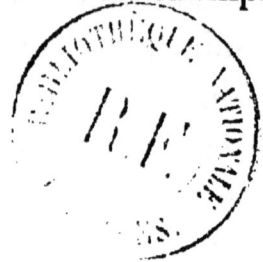

FIN

TABLE DES MATIÈRES

— Lille. Typ. A. Taffin-Lefort. 1900.

www.ingramcontent.com/pod-product-compliance
Lightning Source LLC
Chambersburg PA
CBHW051723090426
42738CB00010B/2050